Isabelle von Fallois

Engel und Einhorn

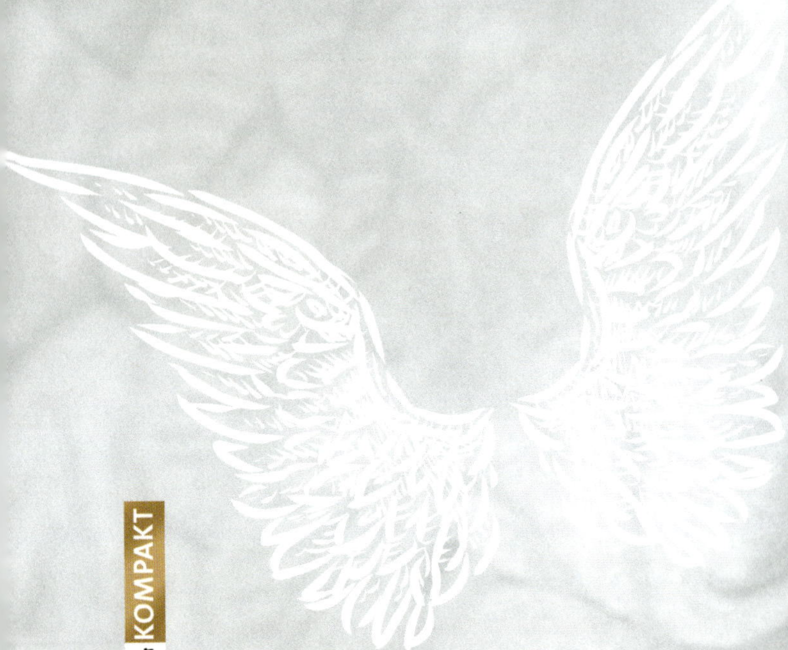

KOHA KOMPAKT

Isabelle von Fallois

Engel und Einhorn

Ein himmlisches Team

Ich widme dieses Buch
in tiefster Dankbarkeit
den zauberhaften und
machtvollen Einhörnern,
die mein Leid über
den Tod meines Vaters
auf so himmlische Weise
verwandelt haben!

Inhalt

Vorwort

Auch wenn es nach außen so scheinen mag, als hätte ich mich in den letzten Jahren fast ausschließlich mit Engeln beschäftigt, entspricht das nur einem Bruchteil der Wahrheit. Denn von dem Augenblick an, als ich mich im Frühjahr 2004 wieder intensiv mit der geistigen Welt auseinanderzusetzen begann, tauchten neben den Erzengeln immer mehr Lichtwesen an meiner Seite auf: Feen, Meerengel, Göttinnen, Aufgestiegene Meister, Einhörner, Delfine, Wale etc. All diesen unterschiedlichen, wundervollen Wesen verdanke ich sehr viel Heilung, Erkenntnisse und Wunder.

Doch dieses Buch ist den Engeln und Einhörnern gewidmet, die in großer Eintracht versuchen, uns Menschen zu helfen, unsere Vergangenheit hinter uns zu lassen, im Frieden mit dem JETZT zu sein, unsere wahre Kraft anzunehmen, unsere Visionen und unsere Mission auf Erden zu erfüllen.

So ist es nicht weiter verwunderlich, dass sich zwei Jahre, nachdem ich begonnen hatte, mein Leben täglich mit den Engeln zu leben, ein Einhorn an meiner Seite zeigte. Ich nahm es immer häufiger wahr und durfte seinen Namen endlich in einer von Diana Cooper geleiteten Meditation während des »2. Internationalen Engelkongresses« in Hamburg im Jahr 2007 erfahren, was ein wahrer Segen war. Denn schon indem ich nur den Namen ausspreche, erhöht sich meine Frequenz sofort aufgrund der Schwingung, die dem Namen meines atlantischen Einhorn-Freundes innewohnt. Natürlich ganz zu schweigen von dem Moment, wenn er an meine Seite eilt und ich seine himmlische Energie wahrnehme – ein unbeschreiblich schönes Gefühl!

Seit diesem beglückenden Augenblick in Hamburg ist dieses wundervolle Wesen nicht mehr aus meinem Leben wegzudenken. Auch zeigten sich immer mehr Einhörner, besonders während meiner gechannelten Meditationen in meinen Workshops und Trainings.

In den Wochen und Monaten nach dem Tod meines geliebten Vaters unterstützten sie mich in einer Art und Weise, die mich noch immer zutiefst berührt, denn sie waren es, die mir in dieser Zeit der Trauer halfen, mit einem lichten Herzen durch den Prozess des Schmerzes zu gehen.

So wird dieses Buch ein sehr persönliches werden, um zu zeigen, dass wir alle, auch die sogenannten spirituellen Lehrer, unsere Herausforderungen im Leben haben und täglich an uns arbeiten dürfen. Mit Hilfe dieser zauberhaften Wesen, den Engeln und den Einhörnern, können wir all dies in der Frequenz der Liebe tun.

Und so ist es mir ein großes Herzensbedürfnis, dazu beizutragen, nicht nur die Energie der Engel, sondern auch die der Einhörner noch mehr auf Erden zu verankern und sie den Menschen zugänglich zu machen.

Unendliche Dankbarkeit, strahlendes Licht, reine Liebe und reichen Engel- und Einhorn-Segen wünscht dir

Isabelle von Fallois
München, 14. Juni 2012

Einführung

Wie du am besten mit diesem Buch arbeitest

Auch wenn dieses Buch viel kleiner ist als alle anderen, die ich bisher veröffentlicht habe, so habe ich es dennoch mit der größten Empfindsamkeit geschrieben, um in wenigen Kapiteln die Energie des himmlischen Teams von Engeln und Einhörnern spürbar zu machen. Natürlich könnte ich viele Seiten mehr füllen, weitere Einhörner vorstellen und noch tiefer in die Materie eindringen, doch dieses Buch wollte so schnell wie möglich in die Welt hinaus. So habe ich die Engel und Einhörner gebeten, mir die für diese Zeit wichtigsten Botschaften zu übermitteln.

Um dich ihre Energie noch deutlicher spüren zu lassen und Veränderungen auf der Seelenebene zu bewirken, war es den Engeln und Einhörnern ein großes Anliegen, mir wieder die verschiedensten Seelenreisen durchzugeben, die du auf der folgenden CD findest: »Engel und Einhorn – Magische Seelenreisen«.

Wie immer ist es kein Zufall, dass dieses Buch in deine Hände geraten ist: Deine Seele hat den Ruf ausgesandt, sich endlich wieder tiefer mit der Engel- und Einhorn-Energie zu verbinden.

Obwohl Engel und Einhörner oft Seite an Seite wirken, unterscheiden sie sich doch sehr gravierend:

Eine der Hauptaufgaben der Engel ist es, in hohem Maße dafür zu sorgen, dass wir Menschen unsere Herzen wieder öffnen, um unser Leben in der Frequenz der Liebe zu leben.

Die Einhörner sind vor allem dafür zuständig, uns wieder in Kontakt mit unserer Seele zu bringen, damit wir die Seelenmission erkennen, die wir gewählt haben, bevor wir auf diesem Planeten inkarniert sind, und sie in diesem Leben erfüllen. Ferner ist es eine ihrer liebsten Aufgaben, unsere Visionen zu unterstützen, sodass sie in die Tat umgesetzt werden können.

Übrigens ist es den Einhörnern (mit Ausnahme der Pegasus-Einhörner), die aus der siebten Dimension stammen, nur möglich, sich uns Menschen zu nähern, wenn unsere Schwingungsfrequenz hoch genug ist, während die Engel immer zu uns kommen, sobald wir sie rufen oder ein Notfall eintritt, der uns noch nicht das Leben kosten darf. Daher ist es sehr wichtig, ständig in einer möglichst hohen Energie zu sein, um mit den Einhörnern kommunizieren zu können (siehe dazu das 5. Kapitel). Doch nicht nur das, auch die Zeiten, in denen wir leben, verlangen danach, dass wir ein möglichst reines Leben führen, um nicht von Turbulenzen überrollt zu werden. Aus eigener Erfahrung kann ich nur sagen, dass mein Leben trotz Herausforderungen um ein Vielfaches einfacher geworden ist, seit ich das »Dreamteam Engel und Einhörner« täglich in mein Leben rufe und sie meine ständigen Begleiter sind.

Wie in meinen anderen Büchern findest du in jedem Kapitel Channelings der Engel und Einhörner, um ihre Energie deutlich wahrnehmen zu können.

In den meisten Fällen habe ich eine Geschichte aus meinem persönlichen Leben hinzugefügt (außer im 7. Kapitel), damit du erfährst, auf welch wundervolle Weise Engel und Einhörner im Team zusammenwirken.

Ferner gibt es Rituale, Anregungen, Seelenreisen und Seelenaffirmationen, um dir zu helfen, deinen Kontakt zu diesen Wesen zu vertiefen und dein Leben mit ihrer Unterstützung auf positive Weise zu verwandeln.

Natürlich kannst du dieses Büchlein als Orakel verwenden, indem du es auf irgendeiner Seite aufschlägst und betrachtest, was dir die betreffenden Zeilen zu sagen haben. Da das Gesetz der Resonanz immer wirksam ist und es keine Zufälle gibt, hat die vor dir liegende Botschaft eine Bedeutung für dich. Entschlüssle sie mit Hilfe der Engel und Einhörner!

Von Herzen wünsche ich, dass dir dieses Buch dabei hilft, deinen ganz persönlichen Kontakt zu diesen zauberhaften Wesen aufzubauen und zu verstärken – und deine Seelenmission zu erkennen und zu leben!

Möge der unendliche Segen und die reine Liebe der Engel und Einhörner immer für dich spürbar sein, sodass du EINSSEIN auf allen Ebenen erlebst!

»We are one.
We are love.
We are ONE LOVE!«

Die Luft, die Erde, das Meer,
alles ist erfüllt von Engeln.

Ambrosius von Mailand

1. Kapitel

Erzengel Michael

und die

Pegasus-Einhörner

»Sei gegrüßt, geliebter Freund, geliebte Freundin! Wir sind Erzengel Michael und die Pegasus-Einhörner. Vor langer, langer Zeit waren wir bereits der Erde sehr nah, nämlich zu den Goldenen Zeiten von Atlantis. Doch die Menschen wollten immer mehr Macht erlangen, um andere zu manipulieren; so haben wir uns zurückgezogen in die höheren Ebenen, um von dort aus zu wirken.

Erst in den letzten Jahrzehnten hat sich die Frequenz der Erde dahingehend verändert, dass es uns möglich wurde, uns den Menschen wieder zu nähern. Umso größer ist unsere Freude, dass sich immer mehr von ihnen dem Licht zuwenden und dazu beitragen, die Welt zum Guten zu verwandeln. Du bist einer von ihnen, da du diese Worte liest, und wir freuen uns, dir unsere Botschaft zu überbringen!

Es ist an der Zeit, dass du dich von allen begrenzenden Glaubensmustern befreist, die dich zurückhalten, in deine wahre Kraft zu treten und dein Potenzial zu leben. Erkenne, wie viele dieser Begrenzungen dazu beitragen, dass du immer wieder an dir selbst zweifelst, obwohl du tief in deinem Inneren weißt, wer du in Wahrheit bist, nämlich ein reines, vollkommenes Wesen aus Licht und Liebe, welches so viel göttliche Macht in sich trägt, dass es die Welt zu verwandeln vermag!

Lass alles, was deine Freiheit beschneidet, mit unserer Hilfe endlich hinter dir und nimm diese deine wahre Kraft endgültig an.
Es ist an der Zeit, dein Licht in all seinem Glanze leuchten zu
lassen, denn du wirst in diesen turbulenten Zeiten gebraucht als
ein Leuchtturm, der anderen den Weg weist.

Wisse, wir Pegasus-Einhörner sind es, die dir gemeinsam mit
Erzengel Michael helfen können, dich von allem zu lösen, was
deiner inneren und äußeren Freiheit nicht dienlich ist. Verwechs-
le Freiheit jedoch nicht mit Flucht vor dem, was du in diesem
Leben zu tun hast. Sondern erkenne, dass wahre Freiheit bedeutet, frei von begrenzenden Glaubenssätzen, Dogmen, Ängsten,
Anhaftungen, eigenen und fremden Meinungen und frei von
deiner Vergangenheit zu sein, sodass du in jedem Augenblick
offenen und reinen Herzens die Möglichkeiten, die sich vor dir
auftun, prüfen kannst.

Diese Freiheit magst du mit Anmut, Leichtigkeit und Freude erlangen, wenn du uns erlaubst, über einen längeren Zeitraum
(mindestens 28 Tage) mit dir zu arbeiten. Ganz besonders lieben wir es, dich in den Nächten zu besuchen und mit dir zu
arbeiten, denn in diesen Stunden bist du frei von deinem Ego,
das bisweilen mit großer Vehemenz an Altem festhält.

Es liegt bei dir, geliebter Freund, geliebte Freundin, ob du uns in
dein Leben einladen möchtest, um die Freiheit zu erlangen, welche dir als dein göttliches Geburtsrecht zusteht. So wisse denn,
uns wäre es eine Ehre, dir dienen zu dürfen.

Nun sei gegrüßt in tiefer Liebe und umhüllt von unserem Licht
und dem dunkelblauen Mantel des Schutzes.«

Innere Freiheit – ein kostbares Gut

Obwohl ich seit langer Zeit weiß, dass es eine meiner Lern-
aufgaben in diesem Leben ist, Nein sagen zu lernen, und ich
mich mit diesem Thema seit Jahren sehr intensiv beschäftige,
gelingt es mir noch immer nicht in allen Bereichen. Besonders wenn es um meine geliebte Arbeit geht, fällt es mir sehr
schwer, etwas abzusagen, selbst wenn mein Körper mir bereits Warnsignale schickt, wie es in den langen Monaten der
Erkrankung meines Vaters und auch in den Wochen nach sei-

nem Tod immer wieder der Fall war. Mir liegen die Teilnehmer meiner Trainings und Workshops so sehr am Herzen, dass ich es einfach nicht schaffe, etwas zu canceln.

Ich spürte jedoch, mein Körper wurde immer müder, und wochenlang schaffte ich es morgens nur mit dem mir eigenen eisernen Willen, aufzustehen. Dennoch gelang es mir nicht, auch nur einen einzigen Tag lang Pause zu machen und mich nicht mit den unzähligen E-Mails und Nachrichten, die mich täglich erreichen, zu beschäftigen.

Eines Tages meinte mein Mann Hubert: »Es wird endgültig Zeit, dass du dir ein paar iPhone-freie Tage zum Schlafen und zur Erholung nimmst.«

Ich wusste beim besten Willen nicht, wie ich das einrichten sollte, denn ein Training, Workshop oder Retreat nach dem anderen stand auf der Tagesordnung, und in den wenigen Tagen dazwischen gibt es stets jede Menge zu organisieren, damit letztlich alles wundervoll ablaufen kann.

Da bekam ich eine sehr deutliche Botschaft von Erzengel Raphael: »Meine Liebe, so lange schon versuchen wir, dir zu helfen, eine Zeit nur für dich zu planen, doch immer sagst du, es ginge nicht. Nun stehen drei Tage am Meer vor der Tür. Wir wissen, dass du sie dem Beginn deines neuen Buches widmen wolltest. Doch das können wir dir in deinem Zustand beim besten Willen nicht genehmigen. Also, meine Liebe, das bedeutet, dass du dir drei freie Tage zum Schlafen und Erholen gönnst – wohlgemerkt E-Mail-freie Tage!«

Ich wusste, wie sehr er recht hatte, und versuchte, meine Reise entsprechend zu planen. Doch in der Nacht zuvor teilten mir die Einhörner mit, dass es an der Zeit sei, ein Buch über sie zu schreiben, und schmissen mich um 1 Uhr aus dem Bett, um das Vorwort und das erste Channeling aufzuschreiben.

So ist es nicht verwunderlich, dass mir nach dem Telefonat mit meinem Verleger auf dem Weg zum Flughafen, in dem er meinte: »Das Einhorn-Buch ist gebongt!«, im Flieger nur noch der Kopf ratterte. Ich wusste beim besten Willen nicht, wie ich es zeitlich unterbringen sollte, Pause zu machen und gleich zwei neue Bücher zu schreiben. Verzweifelt versuchte ich, im Flugzeug zu meditieren, was mir normalerweise an allen Orten sehr leicht fällt, doch die Gedanken kreisten nur noch um die vor mir liegenden Projekte, die erfüllt werden wollten.

Mit zermartertem Gehirn landete ich schließlich in der Wohnung meiner Freundin Susanna in Nizza. Kaum angekommen, beantwortete ich auch schon die ersten E-Mails auf meinem iPhone, doch dann erinnerte ich mich der Pegasus-Einhörner und bat sie inständig: »Bitte helft mir, mich augenblicklich von meinem Glaubenssatz zu befreien, dass ich ständig und überall zur Verfügung stehen muss!«

Gesagt, getan. Mit Leichtigkeit ließ ich anschließend mein Handy in Susannas Wohnung zurück, als wir aufbrachen, um zum Essen zu gehen.

Am nächsten Morgen schlief ich, bis ich von selbst aufwachte, und gestaltete den Morgen ganz so, wie ich wollte. Dennoch war ich kurz davor, zu arbeiten anzufangen, als ich die deutliche Botschaft empfing, sofort die von mir in meiner Radioshow über die Einhörner gechannelte Pegasus-Einhörner-Meditation anzuhören – was ich mir nicht zweimal sagen ließ. Danach fühlte ich mich endgültig frei, mich zu erholen – und nicht mehr zur Verfügung zu stehen. Welch kostbares Gut!

Erlange Freiheit dank Michael und den sieben Pegasus-Einhörnern

Ein Ritual (gut für den Tagesbeginn geeignet)

Begib dich an einen ruhigen Ort und atme mehrmals tief ein und aus, um bei dir selbst anzukommen.

Rufe nun Erzengel Michael und die sieben Pegasus-Einhörner zu dir und bitte sie, dich von allen Fesseln (Glaubensmustern, Meinungen, Erwartungen etc.) zu befreien, die dich davon abhalten, frei zu sein.

Atme mindestens dreimal tief ein und aus, während Erzengel Michael die Fesseln mit seinem Schwert der Liebe, des Lichtes und der Wahrheit durchtrennt und die Pegasus-Einhörner die Fesseln in sieben leuchtende, silberne Manifestationssterne verwandeln.

Überlege dir anschließend, was du für diesen Tag manifestieren möchtest, und gib die Energie in die silbernen Sterne hinein. Sieh, wie sie aufsteigen, während die Pegasus-Einhörner dich in ihr blau-weiß schimmerndes Licht hüllen, sich rautenförmig um dich formieren und Erzengel Michael dir seinen dunkelblauen Mantel samt Kapuze über die Schultern legt, sodass du wundervoll geschützt bist.

Du kannst dieses Ritual wiederholen, sooft du das Gefühl hast, von deiner Freiheit abgeschnitten zu sein.

Großartige Eskorte

Ich liebe es, nicht nur Erzengel Michael und Erzengel Raphael (und falls ich den Weg finden muss: Erzengel Chamuel) zu bitten, mich auf meinen Reisen zu schützen und zu begleiten, sondern auch die sieben Pegasus-Einhörner zu rufen. Es sieht bezaubernd schön aus, wenn sie mein Auto oder Susanna und mich auf dem Scooter oder den Flieger etc. in ihrer rautenartigen Formation eskortieren. Auch Susanna spürt sehr deutlich, dass der Schutz dadurch noch verstärkt wird.

Außerdem habe ich festgestellt, dass ich viel seltener als zuvor negative Energien physisch spüre, seit ich auch die sieben Pegasus-Einhörner täglich um Schutz bitte.

Verstärkung deiner Lebensenergie

Wie ich in einer Meditation erlebt habe, können die Pegasus-Einhörner unsere Lebensenergie verstärken. Bitte einfach darum, dass eines von ihnen seine kraftvolle Energie durch sein Lichthorn in den oberen Ansatz deiner Wirbelsäule lenkt, und atme mindestens dreimal tief ein und aus, um alles aufzunehmen. Manchmal verschwinden dabei selbst Nacken- oder Rückenschmerzen.

Seelenaffirmation

Bitte zuerst Erzengel Michael und die Pegasus-Einhörner, dich in ihr kraftvolles blau-weiß-goldenes Licht zu hüllen, und atme tief ein und aus, bevor du (am besten mit Stimme) sprichst:

Ich befreie mich voller Anmut, Leichtigkeit und Gnade von allen begrenzenden Glaubenssätzen, Dogmen, Ängsten, Anhaftungen sowie fremden und eigenen Meinungen. Ich verdiene es, frei zu sein. ICH BIN FREI! ICH BIN FREI! ICH BIN FREI!

Mögest du die sanften Schwingen
der Engel spüren in lauen Nächten
und an harten Tagen.
Mögen sie dir Vertrauen
und Kraft schenken
für deinen Weg des Lebens.

Irischer Segenswunsch

2. Kapitel

Erzengel Raziel

und der

atlantische Hohe Rat der Einhörner

»Sei gegrüßt, geliebte Seele! Wir sind Erzengel Raziel und der atlantische Hohe Rat der Einhörner. Es ist für uns von großer Bedeutsamkeit, zu dir zu sprechen, denn vieles scheint in deinen Augen in diesen Zeiten im Weltengetümmel durcheinanderzugeraten und Fragen in dir aufzuwerfen, da du dich nicht mehr daran erinnerst, was du auf der anderen Seite des Schleiers beschlossen hast, bevor du deine Reise in diese Inkarnation angetreten hast. Du und unzählige andere Menschen standen Schlange, um zur Zeitenwende inkarniert zu werden, doch damals konntest du nicht absehen, was tatsächlich auf dich zukommen würde, daher warst du so begierig darauf (wie viele andere auch).

Nun ist es jedoch so, dass du dir für dieses Leben sehr viel mehr vorgenommen hast, als du dich erinnern kannst, insbesondere wenn du vor 1987, der Harmonischen Konvergenz, geboren bist. Denn vor diesem Datum war es nicht sicher gewesen, ob es die Menschheit schaffen würde, die Schwingung so weit zu erhöhen, dass ein Paradigmenwechsel und ein neues Goldenes Zeitalter auf Erden im Rahmen des Möglichen sein würden.

Aufgrund dieser Tatsache ist in den Systemen vieler Menschen noch immer gespeichert, dass die Welt um 2012 zugrunde geht.

Selbst die jüngeren Generationen sind nicht vollkommen frei von dieser Angst, da sie mittels vieler Medien weiterhin geschürt worden ist.

Wenn du dich fühlst, als würdest du dich derzeit in einer Art Vakuum befinden, nicht weißt, welche Schritte du gehen sollst, bist du noch von den Auswirkungen dieser gewaltigen Furcht betroffen, und es ist an der Zeit, dich mit unserer Hilfe endgültig davon zu befreien, sodass du deine Seelenmission mit Anmut, Leichtigkeit und Gnade erfüllen kannst.

Ferner ist es Teil dieser Zeit, dich intensiv mit vergangenen Inkarnationen auseinanderzusetzen, denn sie wirken sich mehr denn je auf dein derzeitiges Leben aus. Noch immer wirken Gelübde, Schwüre und tiefgreifende Entscheidungen, die dich im Hier und Jetzt nicht frei sein lassen. Wir, Erzengel Raziel und der atlantische Hohe Rat der Einhörner, haben Einblick in die tiefsten Geheimnisse der Akasha-Chronik, und dies nicht nur für alle vergangenen Inkarnationen aller Wesen, sondern uns ist es ebenso gegeben, gemeinsam in die Akasha-Chronik der Zukunft zu blicken, die jedoch noch nicht in Stein gemeißelt ist. So ist es eine unserer bedeutsamsten Aufgaben, den Menschen dabei zu helfen, sich von den Schlingen aller »Vergangenheiten« zu befreien, um die Potenziale für die Zukunft zu verändern, um wieder eine Goldene Zeit der Liebe und des Friedens auf Erden zu erschaffen. Doch wiederum dürfen wir nur eingreifen, wenn es uns von dir (und den anderen) erlaubt wird.

Auch ist es so, dass dieses Leben viel mehr überraschende Begegnungen für dich bereit hält, als du dir je vorstellen konntest, denn um die Bedingungen für den Zeitenwandel in ein neues Goldenes Zeitalter auf Erden zu schaffen, haben sich die großen

Seelen aller Zeiten bereit erklärt, wieder zu inkarnieren. Daher triffst du auf sehr viele Menschen, die du aus anderen Leben kennst und die dir vertrauter sein mögen als diejenigen, mit denen du viele Jahre deines jetzigen Lebens verbracht hast. Es sind die Menschen, mit denen du bereits in anderen Zeiten zusammengearbeitet und gelebt hast, um das Licht auf Erden zu erhöhen – Teile deiner Seelenfamilie, die sich jetzt wieder für den Paradigmenwechsel versammelt hat.

Ebenso magst du erstaunt darüber sein, wie viele deiner Seelenpartner aus vergangenen Inkarnationen in deinem Leben erscheinen, für die du im Moment des Wiedererkennens augenblicklich sehr viel Liebe empfindest, was bisweilen zu Verwirrung führen mag. Dies bedeutet jedoch nicht, dass du mit jedem oder jeder von ihnen erneut eine Liebesbeziehung führen sollst. Vielmehr ist es Teil des Plans, den du und all die anderen Seelen beschlossen haben, bevor ihr wieder auf diesem Erdenrund angetreten seid, um die Liebesfrequenz auf Erden zu erhöhen, denn einzig und allein die Liebe ist es, die wieder Goldene Zeiten auf diesem Planeten zu erschaffen vermag.

So bitten wir dich, geliebte Seele, dich mit unserer Hilfe von den Stricken deiner Vergangenheiten zu befreien, um dein Liebespotenzial in höchstem Maße zu aktivieren, sodass allein dein Erscheinen die Herzen der Menschen, denen du begegnest, in Liebe entzündet und die alles umfassende Liebe wieder zu der Macht wird, die alle Wesen auf Erden und den Planeten selbst heilt.

Wir verneigen uns vor dir in tiefer Hochachtung vor der Aufgabe, die deiner harrt und die du voller Liebe zu erfüllen wissen wirst. Sei gegrüßt!«

Magische Wasserkreise

Gestern, am 24. August, erlebten wir eine äußerst besondere Halbmondnacht, wie es schon Erzengel Haniel für meinen Kalender »Himmlische Begleiter 2012« angekündigt hatte: »Du trägst in dir das Wissen der Jahrtausende. Verbinde dich mit den Sternen, und du erinnerst dich immer mehr.«

Als ich diese Botschaft am Morgen las, wusste ich, dass wir uns unter den nächtlichen Sternenhimmel setzen mussten. »Heute Nacht müssen wir ans Meer gehen und schauen, was geschieht«, schlug ich meiner Freundin vor. »Irgendetwas liegt in der Luft.«

Susanna war sofort einverstanden, denn sie kennt mich zur Genüge.

Als die Nacht bereits angebrochen war und der Halbmond in voller Pracht am Himmel stand, fuhren wir also auf ihrem Moped zu einem sehr besonderen Platz, an dem man einen wundervollen Blick über die gesamte Baie des Anges (»Bucht der Engel«) hat, denn Susanna *wusste,* dies war der richtige Ort für diese Nacht. Wir ließen uns gemütlich nieder und beobachteten den leuchtenden Halbmond und das im Mondschein schimmernde Wasser vor uns.

Plötzlich entdeckten wir zeitgleich einen besonderen Wasserkreis im offenen Meer und richteten unsere Aufmerksamkeit darauf. Innerhalb von Sekunden erschienen immer mehr solcher Kreise auf einer Linie im Wasser, die vollkommen vom Halbmond adjustiert schien.

Es dauerte nicht lange, bis ich die Stimme von Erzengel Raziel vernahm: »Geliebte Freundinnen, was sich in diesem Augenblick vor euren Augen auftut, ist eine sogenannte Ley-Linie des Wassers, die alle Ozeane der Erde miteinander verbindet. Nur in sehr seltenen Momenten ist dies für das menschliche Auge sichtbar. Blickt weiterhin auf den Mond und das Meer, und es werden sich noch weitere Erscheinungen zeigen.«

Das ließen Susanna und ich uns nicht zweimal sagen! Wir öffneten all unsere Sinne, und auf einmal sah ich den Hohen Rat der atlantischen Einhörner neben den Wasserkreisen schweben. Im Nu übermittelten sie mir telepathisch die Botschaft, dass diese Kreise, die Kornkreisen zu ähneln schienen, wie Susanna bemerkte, gleichzeitig eine erneute Chakra-Aktivierung des Planeten anzeigten, nämlich jene der sogenannten hohen Chakras, wie sie aus den Zeiten von Atlantis bekannt sind.

Während Susanna und ich weiterhin vollkommen von dem Schauspiel vor unseren Augen in Bann gezogen waren, veränderten sich die magischen Kreise im Wasser, und wir konnten plötzlich die Stränge der DNS, in Regenbogenfarben schimmernd, im Wasser erkennen. Im selben Moment spürten wir, wie unsere DNS-Stränge aktiviert wurden. Unsere Körper begannen auf eine völlig neue, uns bisher unbekannte Art und Weise zu vibrieren. Wir wussten überhaupt nicht, wie uns geschah! Es war einfach unbeschreiblich schön und bis in die tiefsten Ebenen berührend (Zell- und DNS-Ebene) ...

Nach einer geraumen Weile machten wir uns auf den Nachhauseweg und fielen dort augenblicklich vollkommen erschöpft ins Bett.

Heute Morgen verschliefen wir beide, und als wir schließlich aufwachten, kam es uns vor, als hätten wir die ganze Nacht über schwer gearbeitet. Gleichzeitig fühlten wir uns jedoch so frei wie nie zuvor. In mir war eine kristalline Klarheit, die ich in ähnlicher Weise nur bei meiner Wal-Begegnung auf Maui erlebt hatte.

Plötzlich erinnerten wir uns an unser Erlebnis am Meer, und schon sprachen Erzengel Raziel und der atlantische Hohe Rat der Einhörner zu mir: »In der gestrigen Nacht wurden nicht nur weitere Stränge eurer DNS aktiviert, sondern auch schmerzhafte Erlebnisse aus mehr als zwanzig vergangenen Leben aus euren Systemen gelöscht. Daher fühlt ihr euch einerseits so müde und andererseits unendlich befreit.«

Was für eine Nacht und welch ein unendlich großes Geschenk, das uns von den himmlischen Mächten, besonders
Erzengel Raziel und dem Hohen Rat der Einhörner, gemacht
worden ist!

Bereinigung der Vergangenheit

Wie immer eignet sich für dieses Ritual besonders der Zeitpunkt, wenn du gerade zu Bett gegangen bist, denn während des Schlafes ist dein Ego nicht aktiv.

Bitte Erzengel Raziel und den atlantischen Hohen Rat der Einhörner, dich in ihren atlantischen Tempel oder in die siebte Dimension in den Tempel der Vergangenheit zu bringen, ganz so, wie es sich richtig für dich anfühlt.

Falls du dir nicht sicher bist, kannst du natürlich auch mit Raziel und den Einhörnern kommunizieren, um zu erfahren, was besser für dich ist, oder dich an den für dich stimmigen Ort »entführen« lassen.

Teile diesen machtvollen Wesen mit, welche vergangenen Erlebnisse (aus diesem und aus alten Leben) dich belasten, und bitte sie, mit ihren Lichtenergien an dir zu arbeiten. Meistens sehe ich Erzengel Raziel gemeinsam mit drei oder neun Einhörnern des Hohen Rates diese tief heilsame Arbeit tun. Mit dem Strahl, der aus ihren Lichthörnern herausströmt, löschen die Einhörner alte, traumatische Erfahrungen aus all deinen Systemen – in Zusammenarbeit mit Erzengel Raziels magischen Kräften.

Es kann sein, dass du noch etwas spürst, bevor du einschläfst, und es mag auch sein, dass du am nächsten Morgen mit dem Gefühl aufwachst, dass eine ätherische Operation an dir vorgenommen worden ist. Vielleicht fühlst du dich etwas müde oder einfach frei und viel leichter.

Solltest du den Eindruck haben, dass dich viele Vergangenheiten belasten, kannst du während eines längeren Zeitraums jede Nacht um diese Form der Reinigung und Auflösung bitten. Du erfährst die Anzahl der Nächte auf Nachfrage bei Erzengel Raziel und den Einhörnern, durch Pendeln oder kinesiologisches Austesten.

Falls du mehr über deine alten Inkarnationen wissen, Einsichten in deine Entscheidungen, Gelübde, Schwüre und dergleichen bekommen und tiefe Heilung erfahren möchtest, kannst du auch mit einem von mir zertifizierten Master ANGEL LIFE COACH® arbeiten. Genaueres findest du auf meiner Website www.AngelLifeCoachTraining.com.

Aktiviere deine Fähigkeiten aus vergangenen Leben

So wie Erzengel Raziel und der atlantische Hohe Rat der Einhörner dich von Traumata aus alten Inkarnationen (und auch aus deinem jetzigen Leben) befreien können, sind sie auch in der Lage, dich wieder mit deinen Fähigkeiten aus vergangenen Leben zu verbinden. Bitte einfach darum, dass diese wundervollen Wesen deine alten Fähigkeiten in göttlicher Zeit und im Einklang mit deinem Seelenplan aktivieren.

Du kannst dir jedoch auch einen heiligen Raum schaffen, indem du dafür sorgst, ungestört zu sein. Umgib dich mit schöner Musik, dem Duft eines Aromaöls und dergleichen, um die Energie vorzubereiten. Natürlich ist diese Aktivierung auch an einem wundervollen Ort in der Natur möglich.

Mach es dir im Sitzen oder Liegen bequem und bitte Erzengel Raziel und den atlantischen Hohen Rat der Einhörner, an dir zu arbeiten und dein altes Potenzial wiederzuerwecken. Es mag sein, dass du wahrnimmst, wie sich dein System verändert.

Wie alle Aktivierungen, so geschieht auch diese immer im Einklang mit deinem Seelenplan und nicht in der Geschwindigkeit, die dir vorschweben mag.

Seelenaffirmation

Bitte zuerst Erzengel Raziel und den atlantischen Hohen Rat der Einhörner, dich in ihr schimmerndes Regenbogenlicht und ihren machtvollen, magischen Strahl zu hüllen, und atme tief ein und aus, bevor du (am besten mit Stimme) sprichst:

Ich lasse meine Vergangenheiten und jegliche Furcht vor der Zukunft mit Anmut, Leichtigkeit und Gnade los, sodass sich meine Schwingung aufs Wundervollste erhöht. ICH BIN ein leuchtendes Vorbild der Liebe für andere und erlange meine Fähigkeiten aus alten Leben in göttlicher Zeit und im Einklang mit meinem Seelenplan zurück.

3. Kapitel

Erzengel Azrael

und die

Einhorn-Fohlen

»Sei gegrüßt, geliebte Seele. Wir sind Erzengel Azrael und die Einhorn-Fohlen. Wir sind hier, um dir zu zeigen, dass du durch jeden Prozess der Trauer und des Verlustes in einer neuen Art und Weise hindurchgehen kannst. Die Schwere, die du noch in den letzten Jahren und Jahrzehnten erlebt hast, macht einer neuen Leichtigkeit Platz, denn endlich dürfen wir wieder zusammenarbeiten wie in den Goldenen Zeiten von Atlantis und dir zeigen, dass dein Herz ganz sanft getröstet und geheilt werden kann.

Dies bedeutet nicht, dass keine Tränen mehr fließen werden, im Gegenteil, sie werden leichter fließen und schneller versiegen, wenn du dich mit uns verbindest, denn unser reines Licht wird dein Herz in göttlicher Zeit reinwaschen von jeglichem Schmerz. So, geliebte Seele, verdränge dein Leid nicht, sondern lass alle deine Gefühle zu und bitte uns, dich in unser Licht zu hüllen und mit unserer heilenden Sternenessenz zu berühren und zu heilen. Du wirst spüren, wie sich dein Herz wieder zu öffnen und wie eine zarte Rose zu blühen beginnt. Vielleicht nimmst du gar ihren zauberhaften Duft wahr, der auch deiner Heilung dient.

Es liegt an dir, geliebte Seele, dich in diesen Prozess voller Hingabe und Demut hineinzubegeben. Doch wenn du es tust, werden wundersame Kräfte freigesetzt, die wahre Wunder bewirken und dich wieder mit einer tiefen Lebensfreude verbinden.

Lass uns zu deinen Begleitern werden, sodass wir dich voller Anmut, Leichtigkeit und Gnade trösten und in neue Höhen erheben dürfen. Wir grüßen dich und verbleiben voller Ehrfurcht und tiefer Liebe vor deiner wahren Größe, die wir in jedem einzelnen Augenblick zu sehen vermögen. Auf dass auch du sie immer mehr erkennst!«

Durch den Schleier sehen

In den Tagen und Wochen nach dem Tod meines geliebten Vaters hatte ich kaum Zeit, mich in aller Tiefe meinem Trauerprozess zu widmen, weil ich so beschäftigt war mit den Vorbereitungen für die Urnenbestattung und die Trauerfeier sowie mit meinen vielen ANGEL LIFE COACH® Trainings und Workshops.

Ich erinnere mich noch sehr gut, wie ich mich vier Tage nach dem Heimgang meines Vaters auf den Weg zum nächsten Master ANGEL LIFE COACH® Training machte und keine Ahnung hatte, wie ich in diesem Zustand des Schmerzes fünf intensive Tage, die üblicherweise jeweils von 10 Uhr bis mindestens 22 Uhr gehen, durchstehen sollte. Doch da es auch der Wunsch der Engel *und* meines Vaters war, den er mir von der anderen Seite des Schleiers mitteilte, fügte ich mich meinem Schicksal und setzte meine – wie mein Vater meinte: bedeutende – Arbeit fort.

Im Flieger nach Münster hatte ich einerseits das Gefühl, mein Herz würde vor Schmerz zerspringen; andererseits wusste ich ganz genau, dass es meinem Vater wundervoll ging. Selten habe ich die Dualität stärker empfunden ...

Die folgenden zwei Nächte vor Beginn des Master Trainings waren mehr als unruhig, denn ich träumte Nacht für Nacht von meinem geliebten Vater, ganz so, als sei er noch am Leben. Völlig verwirrt wachte ich jedes Mal auf. Und der Schmerz packte mich wie eine eiserne Faust. Eine ziemliche Herausforderung, die ich nur aufgrund meines jahrelangen Trainings in Meditation zu lösen vermochte.

Normalerweise bin ich vor Beginn eines Trainings alles andere als nervös, doch in diesem Fall wusste ich nicht, ob ich in Tränen aufgelöst vor der Klasse zusammenbrechen würde. Alles andere als ein gutes Gefühl, vor allem da es sich um ein Master Training handelte.

Mit sehr mulmigen Gefühlen und unter großer Anspannung ging ich hinüber zum Seminarraum und bat alle Engel und Einhörner, an meiner Seite zu sein, denn ich wollte den Teilnehmern sofort mitteilen, wie es um mich stand, sodass sie verstehen würden, warum ich vielleicht etwas distanzierter als sonst sein würde.

Auf einmal kam jedoch eine sehr große Ruhe über mich; ich fühlte mich vollkommen gestärkt und konnte in tiefem Frieden von meinen letzten Erlebnissen und dem Tod meines Vaters erzählen. Doch die Klasse verfiel erst einmal in einen Schock.

Erst als ich erzählte, welche Wunder meine Mutter und ich gleich nach seinem Dahinscheiden erlebt hatten, da wir es geschafft hatten, mit Hilfe der Engel und Einhörner trotz des tiefen Schmerzes in einer hohen Schwingung zu bleiben, lösten sich die Teilnehmer wieder aus ihrer Erstarrung. Und so wurde es zu einem wahren Master Training – auch für mich! Nichtsdestotrotz kam der Moment, in dem mich der Verlust vollkommen einholte. Nämlich als ich zum ersten Mal nach der Trauerfeier wieder in mein Elternhaus kam, nachdem es nichts mehr zu organisieren gab. Hätte ich in diesem Augenblick losgelassen, wäre ich in einem Meer von Tränen ertrunken. Doch ich versuchte, wieder stark zu sein, um meine Mutter zu unterstützen, deren Schmerz aufgrund der vielen Jahrzehnte, die sie glücklich an der Seite meines Vaters verbracht hatte, ja um ein Vielfaches größer sein musste als meiner.

Die Nächte in dem Bett, das dort stand, wo mein Vater gestorben war, waren erneut von intensiven Träumen geprägt, in denen er erschien. Ich war ziemlich am Ende, als ich mich schließlich wieder in eine tiefe Meditation begab.

Ich hatte die Einhörner zu mir gerufen, um mir beizustehen. Zwei meiner persönlichen Einhörner kannte ich bereits. Doch plötzlich erschien ein Zwillings-Fohlenpaar, das mir voll unendlicher Reinheit und Süße in die Augen blickte. Ich spürte, wie meine mühsam aufrechterhaltenen Mauern dahinschmolzen; Tränen rannen meine Wangen hinunter und Heilung begann, als sie ihre wunderschönen Köpfe in meinen Schoß schmiegten.

Da sah ich wieder durch den Schleier und durfte meinen Vater in einer atemberaubend schönen Vision sehen: In einen wunderschönen hellblauen Malerkittel gewandet, ganz so, wie ich ihn aus meiner Kindheit kannte, stand er in einem paradiesischen Garten voller Blumen in überirdischen Farben vor einer Leinwand und malte das Paradies für uns, denn er wollte es für meine Mutter, für mich, meinen Mann Hubert und viele andere sichtbar machen, um den Menschen die Angst vor dem Tod zu nehmen. An seiner linken Seite befand sich ein schneeweißes, machtvolles Einhorn, das sich auf die Hinterbeine erhob und seine große Kraft spüren ließ. Mir lief eine Gänsehaut nach der anderen den ganzen Körper hinunter, als ich auch noch seinen geliebten Hund Arri zu seiner Rechten neben ihm im Gras liegen sah.

Bis zum Schluss seines irdischen Lebens hatte mein Vater immer wieder darunter gelitten, dass er seinen wundervollen Hund hatte einschläfern lassen müssen, da er in seinem Zimmer in München während seiner Studienzeit an der Kunstakademie keinen Hund haben durfte und offenbar niemand seinen vierbeinigen Freund haben wollte. Tragischerweise kam ein Mann, der Arri dann doch zu sich nehmen wollte, um einen Tag zu spät ... Mein Vater hatte diesen weiteren Schicksalsschlag nach dem frühen Tod seiner Mutter kaum verwunden.

Umso glücklicher war ich, die beiden nun wieder vereint zu sehen!

Als mein Blick weiterschweifte, sah ich auch Uta, die geliebte Schwester meines Vaters, die einem Mord zum Opfer gefallen war, bäuchlings im Gras liegen, und daneben ihren bezaubernden Schäferhundwelpen Bessy, der von einem Einbrecher erschossen worden war.

Mein Herz begann vor Freude zu singen! Es herrschte eine solche Einheit zwischen den fünf Wesen, dass ich mich in ein unendliches Glücksgefühl gehüllt fühlte. Tränen der unendlichen Dankbarkeit rannen über mein Gesicht, als mein Vater zu mir zu sprechen begann und mir Botschaften für meine Mutter, Hubert und mich überbrachte. Was für ein göttlicher Segen, der mir dank der heilsamen Energie meiner Einhorn-Fohlen geschenkt wurde! Ich fühlte mich unendlich getröstet und werde diese Begegnung für immer in meinem Herzen tragen. Dem Himmel sei Dank!

Begegne den Einhorn-Fohlen und Erzengel Azrael zur Heilung

Eine Seelenreise

Begib dich an einen wunderschönen Ort – einen Ort, den du kennst oder in deiner Fantasie erschaffst, einen Ort der Stille und des Friedens, dein Heiligtum. Atme mehrmals tief ein und aus und entspanne dich. Genieße deine paradiesische Umgebung mit allen deinen Sinnen und suche dir einen Platz, an dem du es dir gemütlich machen kannst. Das mag eine Hängematte, eine Decke, ein Stein, der zum Sitzen einlädt, oder dergleichen sein. Verbinde dich mit deinem Herzen, spüre in dich hinein und nimm wahr, was an Trauer oder Schmerz noch geheilt werden möchte. Atme weiterhin fließend tief ein und aus, während du die Herde der Einhorn-Fohlen und Erzengel Azrael zu dir rufst. Innerhalb von Lichtsekunden erscheinen sie und bilden einen wundervollen Heilungskreis um dich. Spüre die zarte, süße, bezaubernde Energie der Fohlen und die unendlich liebevolle und verständnisvolle Energie von Erzengel Azrael. Ein himmlisches Gefühl!

Und in diesem Augenblick tritt dein persönliches Einhorn-Fohlen auf dich zu und legt seinen Kopf in deinen Schoß, während Azrael dich in sein cremeweißes Licht hüllt und die Herde der Einhorn-Fohlen ganz sanfte, pure Einhorn-Energie in dein Herz sendet.

Nimm wahr, wie alter Schmerz, Leid und Trauer dahinschmelzen und du dich immer lichter und getragen fühlst. Heilung geschieht auf sanfteste, zärtlichste und himmlische Weise.

Du spürst, wie immer mehr Lebensfreude in dir aufsteigt und du bereit bist, deinen Schmerz wahrhaftig hinter dir zu lassen. Genieße die Zeit mit Azrael und der Einhorn-Herde, solange es dir beliebt!

Das Geschenk der Lebensfreude

Sowohl den Engeln als auch den Einhörnern ist es überaus wichtig, dass wir Menschen voller Freude durch unser Leben gehen, denn nur so können wir uns in einer hohen Schwingung befinden.

Im Gegensatz zu den Engeln, die uns in jedem noch so dunklen Moment helfen können, da sie ihre Frequenz verändern können, sind die Einhörner nur in der Lage, sich uns zu nähern, wenn wir in einer lichten Energie sind. So frage dich jeden Morgen, was du tun kannst, damit dein Herz lacht und deine Seele singt, und tue es!

Anschließend rufe die Einhorn-Fohlen zu dir und bitte sie, dir ihre bezaubernde Lichtenergie durch ihre Lichthörner zu senden. Du wirst spüren, wie sich deine Schwingung immer mehr erhöht, ganz egal, was gerade in deinem Leben los ist.

Seelenaffirmation

Bitte zuerst Erzengel Azrael und die Einhorn-Fohlen, dich in ihr cremeweißes Licht und ihr zartes Einhorn-Licht zu hüllen, und atme tief ein und aus, bevor du (am besten mit Stimme) sprichst:

Ich stelle mich mit Anmut, Leichtigkeit und Gnade jeglichem Schmerz und jeglicher Trauer. Ich durchwandere sie voller Vertrauen und gehe mit neuer Lebensfreude aus ihnen hervor. ICH BIN ein leuchtendes Wesen voller Licht und Freude!

4. Kapitel

Erzengel Raphael

und die

atlantischen Heilungs-Einhörner

»Sei gegrüßt, geliebtes Wesen! Wir sind Erzengel Raphael und die atlantischen Heilungs-Einhörner. Es ist uns eine große Freude, heute wieder zu dir zu sprechen wie in den alten Zeiten! Lange ist es her, als du dir des vollen Ausmaßes bewusst warst, dass Heilung auf anderen Ebenen zu geschehen hat, als dies von den meisten Menschen bis heute angenommen wird. Selbst in den spirituellen Kreisen ist Heilung etwas, das zwar die verschiedenen Körper des Menschen einbezieht, jedoch sehr häufig die Ebene der Seele vergisst.

Bevor ihr Menschen auf diesem Planeten angetreten seid, habt ihr zwischen der letzten und dieser Inkarnation beschlossen, gewisse Seelenlektionen zu lernen. Da alle Themen, denen ihr euch zu stellen vorgenommen habt, im Zusammenhang mit diesen stehen, ist vollkommene physische Heilung nur möglich, wenn die Seele in den Prozess mit einbezogen wird, ganz so, wie es zu den Goldenen Zeiten von Atlantis der Fall war.

Wir, Erzengel Raphael und die atlantischen Heilungs-Einhörner, traten und treten bis heute zuallererst in Kontakt mit der Seele der zu heilenden Person, um zu erkennen, was für einen Plan sich diese Seele für dieses Leben erwählt hat. Dadurch sehen wir, welche Dinge dieser Mensch noch zu begreifen hat, um in die Einheit mit dem Großen und Ganzen zurückkehren zu kön-

nen. So wissen wir auch, was wir bereits heilen dürfen – auf allen Ebenen, auch der Seelenebene.

Auf diese Weise mögen – um in eurer Sprache zu sprechen – sozusagen über Nacht wahre Wunder der Heilung auf tiefster Ebene geschehen, wenn die Zeit reif dafür ist und der Mensch sich seinen Themen bereits bewusst gestellt hat.

Geliebte Seele, so ist es möglich, wann immer du der Heilung bedarfst, uns zu rufen und zu bitten, dich mit unseren Lichthörnern zu durchleuchten, um deinen Weg der Heilung zu erkennen und dich im Einklang mit deinem Seelenplan in göttlicher Zeit zu heilen.

Verstehe jedoch, dass dies dich nicht davon befreit, deine Lektionen zu lernen und deine spirituellen Hausaufgaben zu machen.

Spüre nun, wie wir dich einhüllen in unser smaragdgrün-goldenes Heilungslicht, und genieße es!

Wir lieben dich bis in alle Ewigkeiten und sind dir zu Diensten, wann immer du dies wünschst. Nun sei gegrüßt in tiefer Hochachtung für all die Themen, die du dir zu heilen für diese Inkarnation vorgenommen hast.«

Eine segensreiche Wiederbegegnung

Am Tag vor Beginn des ersten von mir veranstalteten »Angel Retreats« landete ich wieder in »meinen« wunderschönen Räumen im Hotel in Weiler. Ich hatte mich so darauf gefreut, doch ich wurde von einer Wolke aus Traurigkeit überfallen, denn in dieser Suite hatte ich wenige Monate zuvor meinen Vater jeden Morgen um 5 Uhr aus der Ferne behandelt, hatte den schockierenden Anruf erhalten, dass er mehr als die Hälfte seines Blutes verloren hatte und sein Leben nur noch an einem seidenen Faden hing.

Ich sah all die Bilder wieder vor mir und fühlte mich, als würde alles noch einmal geschehen. Es traf mich mit voller Wucht und völlig unvorbereitet, sodass ich beim besten Willen keine Ahnung hatte, wie ich die nächsten Tage überstehen sollte.

Schweren Herzens legte ich mich abends ins Bett, träumte wirres Zeug und wachte nicht gerade besonders erfrischt morgens um 5 Uhr, rechtzeitig für die Yoga-Klasse, auf.

Ziemlich erschlagen machte ich mich gemeinsam mit meinen beiden Assistentinnen Dani und Jessica auf den Weg in den Saal, in dem Brother zwei Stunden Yoga abhalten sollte. Wir suchten uns Plätze relativ weit vorne und setzten uns still auf unsere Yoga-Matten. Noch bevor es offiziell losging, spürte ich plötzlich das dringende Bedürfnis, mich umzudrehen. Mein Blick fiel augenblicklich auf einen Teilnehmer, den ich nicht kannte und der von einer ganz besonderen Energie umgeben war. Ich wusste im selben Moment, dass wir uns in diesem Leben begegnen mussten, und fühlte mich irgendwie besser.

Während Brother eine tiefgehende Yoga-Session abhielt, in der er uns bat, uns wahrhaftig unseren Emotionen zu stellen, arbeitete ich ein weiteres Mal an dem Schmerz, der vom Verlust meines geliebten Vaters herrührte, und kam mehr und mehr in meine Kraft zurück.

Am Ende der zwei Stunden sollten wir mehrere Menschen mit Herzumarmungen beschenken, und es dauerte nicht lange, bis der junge Mann, der mir aufgefallen war, zu mir kam, mich umarmte, sich vorstellte und mir erzählte, dass er schon viel von mir gehört habe. Von diesem Moment an herrschte ein unerklärliches Vertrauen zwischen uns.

Abends begegneten Kristof und ich uns wieder während einer Feuerzeremonie im Freien, bei der ich wie immer alle Teilnehmer umarmte. Schließlich war er an der Reihe, und während er mich festhielt, durchfuhr es uns gleichzeitig wie mit einem elektrischen Schlag, und wir wussten, dass wir uns aus mindestens einem alten Leben kannten und eine äußerst tiefe Verbindung zueinander hatten.

Da ich jedoch extrem beschäftigt war, denn die Tage während des Angel Retreats waren lang (von 6 Uhr morgens bis mindestens 22 Uhr), hatte ich keine Zeit, tiefer zu schauen.

Schließlich leitete ich zwei Tage später eine Art interaktive Meditation an, um den Teilnehmern zu ermöglichen, automatisches Schreiben und Channeln zu üben. Während sie alle so vor sich hin schrieben und/oder zeichneten, landete ich plötzlich in einem alten Leben in Atlantis und sah Kristof und mich als Priester und Priesterin der Heilung in einem sehr futuristisch anmutenden Heilungstempel gemeinsam mit Erzengel Raphael und den Heilungs-Einhörnern. Zusammen mit ihnen bildeten wir einen Kreis um die zu behandelnden Personen, während wir uns gegenüberstanden und ebenso wie die Einhörner aus unserem Dritten Auge bzw. unserem Lichthorn Heilungsenergie schickten und gemeinsam mit ihnen wahre Wunder vollbrachten. Es war unglaublich kraftvoll anzuschauen, und ich wusste, Kristof und ich mussten dringend in Ruhe miteinander reden.

Es war unglaublich, zu sehen, wie schnell er sich mit den Engeln und der Einhorn-Energie vertraut machte, obwohl er nie zuvor einen Engel-Workshop oder dergleichen besucht hatte. Während wir uns unterhielten, konnte ich die Energie wahrnehmen und sehen, die zwischen seinem und meinem Dritten Auge hin und her floss wie in alten Zeiten. Auch Raphael und die Heilungs-Einhörner waren anwesend, und ich spürte, wie ich mich immer leichter fühlte – und wie Heilung geschah. Auf einmal konnte ich meine wunderschönen Räume in Weiler wieder in vollen Zügen genießen.

Doch erst auf der Fahrt von Weiler zu meinem Elternhaus realisierte ich das ganze Ausmaß der Heilung, die mir dank der Wiederbegegnung mit Kristof und der Reaktivierung unserer damaligen Heilenergien widerfahren war. Zum ersten Mal seit dem Tod meines Vaters freute ich mich darauf, »nach Hause« zu fahren, und konnte das Haus ohne gemischte Gefühle betreten. Noch am selben Tag setzte ich mich an meinen Flügel, was mir seit meinem Spiel bei der Trauerfeier nicht mehr möglich gewesen war, und spürte die vertraute Nähe zu meinem Vater, wenn ich Musik machte – und das ohne jeglichen Schmerz. Was für ein Geschenk des Himmels, das mich bis heute mit tiefer Demut berührt ...

Heilung während des Schlafes

Du erinnerst dich: Ein wundervoller Zeitpunkt für Heilung sind die Minuten, in denen du dich zur Nachtruhe niedergelegt hast, denn während des Schlafes steht dir dein Ego nicht im Weg. Du kannst darum bitten, von Erzengel Raphael und den atlantischen Heilungs-Einhörnern in den atlantischen Heilungstempel gebracht zu werden, um dort Heilung zu erfahren.

Teile diesen wundervollen Wesen mit, was dich auf physischer oder auch auf anderen Ebenen belastet, und bitte sie, mit ihren Lichtenergien an dir zu arbeiten. Es kann sein, dass du noch etwas spürst, bevor du einschläfst; es mag auch sein, dass du am nächsten Morgen mit neuen Erkenntnissen erwachst, was du verändern sollst und woran du noch zu arbeiten hast, um die (versteckten) Seelenlektionen zu lernen, denn wie du weißt, arbeiten die Engel und Einhörner auch auf der Seelenebene. Vielleicht fühlst du dich nachher auch einfach nur viel besser.

Falls es sich um ein tieferes Thema handelt, kannst du während eines längeren Zeitraums jede Nacht um diese Form der Heilung bitten. Du kannst die Anzahl der Nächte auf Nachfrage bei Raphael und den Einhörnern oder durch Pendeln oder kinesiologisches Austesten erfahren.

Umgib dich und/oder andere mit Heilungsenergie

Natürlich kannst du Erzengel Raphael und die atlantischen Heilungs-Einhörner auch jederzeit bitten, dich mit ihrer kraftvollen smaragdgrün-goldenen Heilenergie zu umgeben, diese in alle Ebenen deines Körpers zu senden und für die vollkommene Heilung in Kontakt mit deiner Seele zu treten. Allein dies vollbringt manchmal wundervolle Wirkungen. Genauso kannst du die Heilenergie auch für andere Menschen erbitten.

Seelenaffirmation

Bitte zuerst Erzengel Raphael und die atlantischen Einhörner der Heilung, dich in ihr strahlendes smaragdgrün-goldenes Licht zu hüllen, und atme tief ein und aus, bevor du (am besten mit Stimme) sprichst:

Ich öffne mich für Heilung auf allen Ebenen, insbesondere der Seelenebene, und weiß, dass sie im Einklang mit meinem göttlichen Seelenplan geschieht. ICH BIN vollkommen gesund!

5. Kapitel

Engel Shushienae

und die

Einhörner der Reinheit

»Sei gegrüßt, geliebter Freund, geliebte Freundin! Wir sind Engel Shushienae und die Einhörner der Reinheit. Es ist für uns unendlich bedeutsam, wieder mit dir in Kontakt zu treten in diesen turbulenten Augenblicken der Zeitenwende. Nie war es wichtiger, so rein wie möglich zu sein, denn jeder Gedanke, wahrlich jeder Gedanke, den du denkst, geliebte Seele, trägt in sich die Kraft der Manifestation.

In diesen Zeiten der großen Schwingungserhöhung des Planeten Erde beschleunigt sich jeder Vorgang um ein Vielfaches – im Guten wie im Bösen, um in deiner Sprache zu sprechen. Das bedeutet, dass sich die Auswirkung deiner Gedanken, deiner Worte und deiner Taten viel schneller zeigt als je zuvor. Ihr Menschen habt dafür den Begriff »Instant Karma« geprägt, der sehr deutlich macht, dass es von großer Bedeutsamkeit ist, ein reines Leben zu führen, um nicht täglich Turbulenzen zu erfahren, die du dir selbst anhand deiner Handlungen auf allen Ebenen kreiert hast. Jegliche Form der Manipulation wird Schatten auf die Person zurückwerfen, die diese bewusst oder unbewusst ausübt, denn in diesen Zeiten um 2012 entsteht eine neue Transparenz auf Erden, ganz so, wie sie zu den Goldenen Zeiten von Atlantis bekannt war. Nur auf diese Weise wird Frieden auf Erden wieder möglich sein.

So werden viele Masken fallen, und du wirst die wahren Gesichter der Menschen erkennen. Dies mag für dich einige Schrecken beinhalten, denn dies wird auch manche der sogenannten spirituellen Lehrer betreffen, die nicht reinen Herzens sind.

Doch da es unsere Aufgabe ist, dazu beizutragen, die Reinheit der Erde zu erhöhen, müssen wir gewisse Missstände aufdecken. Unsere Frequenz [I.v.F.: d.h. die Frequenz der Einhörner der Reinheit] ist so hoch, dass wir uns erst in jüngster Zeit wieder dem Planeten Erde nähern konnten. Wir können jedoch nur unsere Arbeit verrichten, wenn sich die Schwingung kontinuierlich erhöht, da wir im Gegensatz zu den Engeln Schwierigkeiten haben, unsere Frequenz niedrig schwingenden Menschen anzugleichen. Daher nutzen wir unsere Lichtstrahlen, um Licht ins Dunkel zu bringen.

So sei dir bewusst, dass du dich wahrhaftig und endgültig deinen Themen stellen musst, wenn du mit uns zu arbeiten beginnst, da unser Licht alles aufdeckt. Wundere dich also nicht, falls dein Leben an Beschleunigung und Turbulenzen zunimmt (die du selbst erschaffen hast), sobald du uns in dein Leben rufst.

Doch nur auf diese Weise erkennst du, dass du für die Umstände deines Lebens verantwortlich bist, und bist bereit, die Reinheit zu erlangen, die du benötigst, um gemeinsam mit der geistigen Welt im wahrsten Sinne des Wortes Wunder zu ko-kreieren.

Geliebte Freundin, geliebter Freund, nun fragst du dich vermutlich, was es bedeutet, ein reines Leben zu führen. Hab keine Sorge, es heißt nicht, dass du voller Askese leben musst, sondern es geht darum, auf allen Ebenen deines Lebens reinen Herzens zu handeln. Dies beginnt damit, deinem Körper nur Substanzen zuzuführen, die dich anschließend licht und leicht fühlen las-

sen, denn was du zu dir nimmst, bestimmt die Qualität deiner Gedanken. Ein Zuviel an Fleisch, Fisch, Zucker, Koffein, Alkohol, Nikotin und anderen Rauschmitteln [I.v.F.: damit sind nicht nur Drogen, sondern auch Internet und Medien gemeint] erhöht dein Aggressionspotenzial auf stärkere Weise, als dir bewusst ist, und vermindert deine Fähigkeit, immer mehr positive Gedanken oder Worte über dich und andere zu hegen und zu sprechen. Wenn du deinen Körper jedoch auf wundervolle Weise nährst, indem du natürliche Nahrung und Getränke zu dir nimmst, dich viel an der frischen Luft bewegst, dich regelmäßig in der Nähe von Wasser aufhältst und täglich meditierst, fällt es dir viel leichter, dein Ego zu überwinden und täglich an dir zu arbeiten, um niemanden zu manipulieren, niemanden zu verletzen und ein reines Leben zu führen.

Glaube uns, geliebte Seele, reinen Herzens zu sein, ist alles andere als langweilig, sondern erlaubt dir, in jedem Augenblick im JETZT, im Flow zu sein, die Botschaften wahrzunehmen, die wir und die anderen Lichtwesen dir beständig zukommen lassen, im richtigen Augenblick am richtigen Ort zu sein, um den Menschen zu begegnen, die dich und dein Leben zu verwandeln und zu bereichern vermögen, und so den Plan deiner Seele, deine Träume auf Erden zu erfüllen.

Auf diese Weise werden auch die erneuten Herausforderungen, die dein Leben dir bringen wird, in neuem Licht erscheinen und dir immer häufiger ein Lächeln aufs Gesicht zaubern, denn du weißt, dass du wieder einmal zu wachsen gewählt hast, denn schließlich bist du der Regisseur, die Regisseurin deines Lebens! In diesem Sinne grüßen wir dich voller Hochachtung für deinen Mut, dich in diesem Leben so vollkommen zu transformieren.

Spüre nun, wie wir dich einhüllen in unser strahlendes, weißes Licht, das deine menschliche Hülle und dein gesamtes Sein mit der Frequenz der Reinheit durchflutet, und verweile für einige Zeit in diesem Gefühl.«

Das unerwartete Auftauchen der Einhörner der Reinheit

Wieder einmal befand ich mich in Nizza an meiner geliebten Baie des Anges und stürzte mich voller Begeisterung in die Fluten, denn ich liebe es, im Meer zu schwimmen und zu spüren, wie all meine Auraschichten und Chakras in kürzester Zeit gereinigt werden und ich mich immer lichter und leichter fühle!

Kaum war ich weit genug vom Ufer entfernt, um keine menschlichen Stimmen mehr zu hören, kommunizierte ich wie so oft beim Schwimmen mit der Wassergöttin Coventina, den Meerengeln und natürlich auch mit Engel Shushienae, die mir (und natürlich allen anderen) dabei hilft, mich von aus der Balance geratenen Emotionen zu befreien.

Mitten im Gespräch musste ich plötzlich innehalten, denn ich sah zauberhaft schimmernde Lichtkugeln (Orbs) neben mir fliegen, die ich nicht kannte. Ich verband mich mit ihnen und fragte: »Wer seid ihr? Ich kenne euch nicht!«

Und schon ertönte eine Antwort anmutiger Stimmen – lustigerweise auf Englisch: »We are the unicorns of purity! (Wir sind die Einhörner der Reinheit!)«

»Das ist ja wundervoll! Ich freue mich sehr, euch kennenzulernen! Ich hätte nie erwartet, euch über dem Wasser schwe-
bend anzutreffen.«

»Ja, es war endlich an der Zeit! Doch wir können uns nur
nähern, wenn die Frequenz des entsprechenden Menschen
hoch genug ist. Wir waren schon öfters in deiner Nähe, doch
du warst zu beschäftigt mit deiner Arbeit, um uns wahrzunehmen. Im Wasser bist du in deinem Element und somit
offener für Begegnungen jeglicher Art.«

Anschließend begannen sie, auf telepathische Weise mit mir
zu kommunizieren. Ich sollte mich auf den Rücken legen und
mich ohne jegliche Bewegung im Meer treiben lassen, sodass
sie in aller Ruhe mit ihren Lichthörnern an mir arbeiten konnten. Es fühlte sich wundervoll an. Es war, als reinigten mich
ihre Lichthörner bis in die tiefsten Ebenen – was sie auch
taten, wie sie mir soeben bestätigen.

Als ich schließlich nach einiger Zeit zum Ufer zurückschwamm,
fühlte ich mich unendlich rein und frei. Sowohl meine Gedanken als auch meine Emotionen waren nur noch von tiefer Liebe für alles und jeden erfüllt. Ein himmlisches Gefühl!

Doch auch die weiteren Auswirkungen dieser Begegnung sollte ich bald spüren, denn ich hatte natürlich bereits im Meer
beschlossen, mit den Einhörnern der Reinheit intensiv zu-
sammenzuarbeiten, um meine Schwingung weiter zu erhöhen und reiner zu werden.

Ich hatte mir angewöhnt, auf Reisen ab und zu Fisch zu essen – obwohl ich jahrelang nur vegan gelebt habe und es zu
Hause immer noch tue –, da ich sonst Schwierigkeiten hatte, genug Eiweiß aufzunehmen, und mich nicht von zu viel

Kohlenhydraten schwer fühlen wollte. Doch als ich am Abend nach dem Erscheinen der Einhörner der Reinheit Fisch aß, fühlte ich mich alles andere als wohl und leicht. Im Gegenteil, ich fühlte mich richtig schwer und dumpf.

Erst als Hubert und ich nachts im Meer geschwommen waren, ging es mir wieder besser. Es dauerte nicht lange und ich hatte die Antwort darauf: »Du hast ausgesendet, noch reiner zu werden. Also wehrt sich dein System einmal mehr, Nahrung aufzunehmen, die mit der Energie des Todes behaftet ist. Wir raten dir daher dringendst, nur reine Nahrung und Getränke zu dir zu nehmen, insbesondere in den folgenden Tagen, die du dem Schreiben des Buches über die Engel und Einhörner zu widmen gedenkst.«

Das war klar und deutlich! Ich dankte den Einhörnern der Reinheit für ihre Botschaft und hielt mich augenblicklich daran.

Als ich schließlich einige Tage später an diesem Buch weiterzuschreiben begann, konnte ich spüren, wie leicht die Energie der Einhörner durch mich in Worte fließen konnte. Einmal mehr war mir bewusst, wie sehr sich alles, was wir in uns aufnehmen – nicht nur Nahrung –, auf unsere Schwingung auswirkt, und ich beschloss, noch achtsamer zu sein als bisher.

Sei ehrlich zu dir selbst

Schaffe dir einen heiligen Raum, bevor du beginnst: Sorge dafür, dass du ungestört bist, und umgib dich zum Beispiel mit schöner Musik, Kerzenlicht, einem zauberhaften Duft und ei-

nem oder mehreren Kristallen, um die Energie im Raum vorzubereiten und es dir zu erleichtern, dich ehrlichen Herzens
deinen Themen zu stellen.

Natürlich kannst du dies auch an einem wunderschönen Ort
in der Natur tun, da die Natur sofort dafür sorgt, dass du
reiner wirst.

Außerdem ist es wichtig, Papier und einen Stift bei dir zu
haben, denn es wäre besser, deine Antworten schriftlich fest-
zuhalten. Nimm dir für jede Frage genügend Zeit. Meditiere
darüber, bevor du notierst, was du erkannt hast.

- Führe ich ein reines Leben?
- Nähre ich mein System mit Reinheit?
- Nehme ich reine Nahrung, Getränke und dergleichen zu
  mir, oder bin ich von gewissen Nahrungsmitteln, Rauschmitteln und Drogen abhängig?
- Lese ich hochfrequente (muss nicht unbedingt »spiri-
  tuell« sein) Bücher, Zeitschriften und dergleichen, oder
  widme ich meine Zeit negativen Meldungen und Infor-
  mationen, Tratsch und Klatsch?
- Schaue ich Filme, Sendungen und Internetseiten an, die
  mich nähren und meine Schwingung auf positive Weise
  beeinflussen, oder lasse ich mich in den Strudel der Mas-
  se ziehen?
- Gehe ich bewusst mit Geld um (d.h. ich zahle Rechnun-
  gen und Steuern umgehend, bin großzügig im rechten
  Maß, gebe nur Geld aus, das mir gehört usw.), oder blo-
  ckiere ich mich durch meinen Umgang mit Geld (d.h. ich

überziehe mein Konto, lebe von Geld, das mir noch nicht zur Verfügung steht, nehme Schwarzgeld usw.)?

- 🖝 Denke ich mehr positive oder eher negative Gedanken?
- 🖝 Spreche ich mehr positive oder eher negative Sätze?
- 🖝 Treffe ich viele positive oder mehr negative Menschen?
- 🖝 Ist mein Freundeskreis gut für mich und unterstützt meinen spirituellen Weg, oder hält er mich davon ab, ein reines Leben zu leben, indem ich weiterhin dazugehören möchte?
- 🖝 Kommuniziere und unterstütze ich die Menschen in meinem Umfeld voller Liebe und aus meinem Höheren Selbst heraus, oder spreche und unterstütze (manipuliere) ich sie aus meinem Ego heraus, um dadurch etwas für mich zu erreichen?
- 🖝 Wie sieht es mit meinem Liebespartner bzw. meiner Liebespartnerin aus? Können wir gemeinsam ein reines Leben führen, wobei es jeder auf seine Art und Weise tun darf?
- 🖝 Lebe ich meine sexuellen Bedürfnisse in einer hohen Frequenz oder in einer eher »irdischen« Weise aus?

Urteile nicht über dich selbst, falls es einiges zu ändern gilt, um ernsthaft ein reines Leben zu führen. Überlege stattdessen in aller Ruhe gemeinsam mit Engel Shushienae und den Einhörnern der Reinheit, welche Prioritäten du setzen möchtest und wie du diese verwirklichen kannst – step by step! Überfordere dich auf keinen Fall, sondern mach einen Schritt nach dem anderen. Dann wirst du es auch schaffen, mit Hilfe von Shushienae und den Einhörnern durchzuhalten. Glaube

mir, es lohnt sich, denn je reiner du wirst, desto mehr Synchronizitäten und Wunder ereignen sich in deinem Leben!
(Eine Möglichkeit, intensiver an dir zu arbeiten, zeigt dir das 28-tägige Engel-Programm in meinem Buch »Die heilende Kraft deiner Engel« sowie auf den CDs »Die heilende Kraft deiner Engel« und »Seelenaffirmationen« auf.)

In diesem Zusammenhang fällt mir ein Satz von Jesus Christus ein, der all dies auf einzigartige Weise zusammenfasst:
»Selig sind, die reinen Herzens sind, denn sie werden Gott schauen!« (Matthäus 5,8)
So lasst uns alle wieder reinen Herzens werden, sodass wir Frieden auf Erden erschaffen!

Geh einen Vertrag mit Engel Shushienae und den Einhörnern der Reinheit ein

Es ist mit Sicherheit eine gute Entscheidung, einen »Reinheitsvertrag« mit Shushienae und den Einhörnern der Reinheit einzugehen.
Nur – ich warne dich vor, denn das kann sich relativ heftig auswirken: Wenn du zum Beispiel etwas nicht so Reines isst oder trinkst, bekommst du womöglich prompt die Quittung dafür!
Andererseits darfst du diese reinen Wesen darum bitten, dass sie dich sanft darauf hinweisen, bevor du etwas nicht so Kluges tust.

Eine Dusche mit Engel Shushienae und den Einhörnern der Reinheit

Ein Morgenritual
(aber auch prima für tagsüber und abends)

Bitte Engel Shushienae und die Einhörner der Reinheit, deine Chakras und dein ganzes System während des Duschens mit ihrem leuchtenden weißen Licht und dem Strahl der Reinheit, der aus ihren Lichthörnern fließt, zu reinigen. Nimm dir genügend Zeit, sodass sie in Ruhe ihre Arbeit tun können. Du wirst spüren oder wissen, wann du »rein« bist, denn es fühlt sich großartig an!

Gehe regelmäßig ans Wasser

Wie du aus meiner Geschichte erfahren hast, befinden sich die Einhörner der Reinheit wie auch Shushienae gerne in der Nähe von Wasser, denn es ist das am besten reinigende Element von allen. Daher ist es sehr sinnvoll, so oft wie möglich ans Wasser zu gehen. Auch kannst du dort mit Hilfe von Shushienae und den Einhörnern der Reinheit viel leichter deine belastenden Emotionen hinter dir lassen.

Natürlich ist es fantastisch, wenn du in einem See oder im Meer schwimmen kannst, doch auch wenn du nur still am Wasser sitzt oder stehst und diese wundervollen, reinen Wesen zu dir rufst, verändert sich deine Schwingung augenblicklich.

Seelenaffirmation

Bitte zuerst Engel Shushienae und die Einhörner der Reinheit, dich in ihr strahlendes weißes Licht zu hüllen, und atme tief ein und aus, bevor du (am besten mit Stimme) sprichst:

Ich entscheide mich aus tiefstem Herzen dafür, ein reines Leben zu führen, und handle dementsprechend. ICH BIN ein reiner Kanal für die Botschaften der lichten Welten!

6. Kapitel

Engel Ooniemme

und die

Sternen-Einhörner

Segnungen mit silberner Sternenessenz

»Sei gegrüßt, geliebter Freund, geliebte Freundin! Wir sind Engel Ooniemme und die Sternen-Einhörner. Endlich sind wir in diesen Zeiten wieder vereint und dürfen gemeinsam wirken. So ist es uns eine besondere Freude, heute zu dir sprechen zu dürfen. Wie du sicherlich bereits wahrgenommen hast, ist unsere Energie von zarterer Natur als die anderer Engel und Einhorn-Gruppen, doch wir sind nicht weniger kraftvoll in unserem Tun, wie du in naher Zukunft bemerken wirst.

Unsere gemeinsame Mission auf Erden ist es, die Augen der Menschen für das Geschenk ihres irdischen Daseins zu öffnen, sodass sie sich endgültig auf die wahre Art und Weise mit der Frequenz der Dankbarkeit und Segnungen verbinden können.

So bitten wir dich inständig darum, immer bewusster im JETZT zu leben, denn nur auf diese Weise wirst du dir der fortwährenden Geschenke und Segnungen, die dich täglich begleiten, gewahr. Öffne deine Augen, die Augen deiner Seele, um deine Umgebung [I.v.F.: hier sind auch Menschen, Situationen etc. gemeint] wahrhaftig zu sehen – in ihrer unendlichen Vielfalt, ihrer mannigfaltigen Schönheit –, und dein Herz wird vor tiefer Ehrfurcht und unermesslicher Dankbarkeit über die Großartigkeit der Schöpfung überquellen.

Indem du dich in eine immer höhere Frequenz hinaufschwingst, verändert sich die Geschwindigkeit deiner Manifestationen, bei denen wir dir mit großer Freude behilflich sind. Mit unserer silbernen Sternenessenz vermögen wir wahrlich magische Dinge zu vollbringen!

So bitte um diese unsere kostbare Essenz, um alles, wofür du dankbar bist – sei es in der Vergangenheit, in der Gegenwart oder in der Zukunft –, damit zu segnen. Dadurch erhöht sich die Schwingung der Vergangenheit, der Gegenwart und der Zukunft auf wundervolle Weise. Das mag paradox klingen, doch es entspricht der bloßen Wahrheit, denn wie du weißt, ist Zeit alles andere als linear.

Wisse, die Macht der Dankbarkeit und der Segnungen kennt ebenso wie die Macht der Liebe keine Grenzen. So schwinge dich auf in ihre Höhen – und dein Leben wird ein einziges Wunder sein!

In diesem Sinne sei gegrüßt, geliebte Seele, die uns so sehr berührt, dass wir dich in unser strahlendstes irisierendes weißes Licht hüllen und unsere silberne Sternenessenz über dir ausschütten, sodass du für alle Zeit gesegnet bist.«

Die Magie der Dankbarkeit

Gestern Abend, den 22. August, lag ich im Bett und machte mir Gedanken über die Entwicklung dieses Buchs. Ich wusste, dass es der ausdrückliche Wunsch der Engel und Einhörner war, es sehr persönlich zu gestalten und es nicht wie meine anderen Sachbücher und Kalender auch mit Erlebnissen von anderen zu füllen.

Dennoch spürte ich auf einmal sehr deutlich, dass ich für das Kapitel von Engel Soqedhazi sowie der Königin und dem König der Einhörner eine Liebesgeschichte von jemand anderem brauchte. Also schnappte ich mir meinen iPod und wollte die von mir in einem Training gechannelte »Liebesmeditation« von Engel Soqedhazi sowie der Königin und dem König der Einhörner anhören, um diese Geschichte anzuziehen.

Ich hatte gerade einmal ungefähr vier Minuten lang gelauscht, als Susanna, die das Zimmer mit mir teilte, mich noch einmal ansprach. Ich unterbrach die Meditation und redete eine Weile mit ihr.

Als ich meinen iPod schließlich wieder startete, landete ich merkwürdigerweise in einer ganz anderen Meditation, einer Meditation von Engel Ooniemme, in der es darum geht, dankbar zu sein und alles zu segnen, um noch mehr Segnungen anzuziehen. Da ich die Zeichen zu deuten weiß, wenn ich in meiner Mitte bin, war mir sofort klar, dass ich mich mit Ooniemme und den Sternen-Einhörnern verbinden sollte, um diese Liebesgeschichte in mein Leben zu ziehen. So bat ich diese wundervollen Wesen, mich in ihr strahlendes irisierend-weißes Licht zu hüllen, und begab mich in mein

Herz, um mich mit der Energie der Dankbarkeit zu verbinden. Als Erstes bedankte ich mich innig dafür, dass ich voller Leichtigkeit wieder einen Einstieg ins Schreiben gefunden hatte, denn aufgrund anderer Verpflichtungen war ich einige Zeit nicht dazugekommen. Dann segnete ich dieses Buchprojekt und bat die Sternen-Einhörner, ihre silberne Sternenessenz über mein Buch »regnen« zu lassen. Es fühlte sich wundervoll an!

Voller Glücksgefühl konnte ich mich nun meinem Wunsch, eine bezaubernde Liebesgeschichte für dieses Buch zu manifestieren, widmen. Wiederum dankte ich zuerst aus ganzem Herzen dafür, dass mir diese Geschichte gesandt würde, und ließ im Anschluss daran die Sternen-Einhörner ihre himmlische Arbeit tun.

In dem tiefen Wissen, dass alles, was zu geschehen hat, passieren wird, ließ ich meinen Wunsch vollkommen los und lauschte um 0.30 Uhr schließlich der Meditation, die ich zuerst hatte hören wollen.

Heute Morgen wachte ich voller Freude auf und meditierte erst einmal wieder, um mich auf das Schreiben vorzubereiten. Noch im Bett liegend, griff ich nach meinem iPhone und wusste plötzlich, dass ich auf Facebook gehen musste, was ich normalerweise während meiner Schreibzeiten nie morgens im Bett tue. Und siehe da, eine meiner Teilnehmerinnen, die Malerin Lisa, hatte mir exakt sieben Stunden (7 ist die Zahl der Einhörner), nachdem ich meinen Wunsch losgelassen hatte, eine zauberhafte Liebesgeschichte gesandt, die sie unter anderem mit Hilfe von Engel Soqedhazi sowie der Königin und dem König der Einhörner manifestiert hatte und die sie mir für ein zukünftiges Buch (sie wusste überhaupt nicht, dass ich gerade an einem schrieb) oder dergleichen zur Verfügung stellen wollte. Meine Dankbarkeit und Demut vor dem Wirken der himmlischen Wesen kannte keine Grenzen!

Doch es sollte noch spannender kommen ... Als ich Lisa schrieb und ihr erzählte, dass ich nur wenige Stunden zuvor um eine solche Geschichte gebeten hatte, kam heraus, dass sie gestern Nacht eigentlich schlafen wollte, jedoch durch ein Gewitter und die Panik ihres Hundes davon abgehalten wurde. Als sie sich dann endlich wieder hinlegen konnte, erschien ihr ein Mädchen, das sie kannte und sich vor wenigen Wochen erhängt hatte. Sie unterhielten sich eine Weile darüber, ins Licht zu gehen, und über die andere Seite des Schleiers.

Im Anschluss daran war Lisa viel zu wach, um auch nur an Schlaf zu denken. Sie bekam einen Impuls von oben und setzte sich um 4.30 Uhr an den Computer, um ihre Liebesgeschichte für mich aufzuschreiben, genau vier Stunden (4 ist DIE Zahl der Engel), nachdem ich mit meinem Manifestationsritual fertig war.

Wieder einmal bin ich restlos glücklich und begeistert über die Vielzahl von Synchronizitäten, die uns widerfahren sind, indem wir auf die Führung der Engel und Einhörner gehört haben.

Im 7. Kapitel wirst du die traumhaft schöne Geschichte von Lisa lesen.

Beende deinen Tag in Dankbarkeit

Ein Ritual
(natürlich ist es auch für jeden anderen Moment
des Tages geeignet)

Wie du der obigen Geschichte entnehmen kannst, ist es sehr kraftvoll, sich vor dem Schlafen mit der Energie von Engel Ooniemme und den Sternen-Einhörnern zu verbinden. Du kannst das tun, bevor du ins Bett gehst oder wenn du bereits gemütlich in deinen Kissen liegst (ich liebe letztere Variante). Bitte jedoch zuerst Erzengel Michael, alle energetischen Bänder, die an dir haften und nicht aus Licht und Liebe bestehen, zu durchtrennen. Atme während des Prozesses mindestens dreimal tief ein und aus.

Rufe Engel Ooniemme, den Engel der Dankbarkeit und der Segnungen, und die Sternen-Einhörner zu dir und bitte sie, dich in ihr strahlendes irisierend weißes Licht einzuhüllen, und atme tief ein und aus, um ihre Schwingung in dich aufzunehmen. Verbinde dich mit deinen Herzen – deinem Herzchakra in Höhe der Brust, deinem hohen Herzzentrum im Bereich der Thymusdrüse und deinem kosmischen Herzen, das sich weit über dir befindet – sowie mit der Energie der Dankbarkeit. Genieße es, zu spüren, wie sich deine Herzen mit Hilfe der so reinen Frequenz von Ooniemme und den Sternen-Einhörnern immer mehr weiten. Denke daran, immer wieder tief ein- und auszuatmen, während du dieses Ritual machst. Halte nun Rückschau auf deinen Tag und erinnere dich an alle Momente, für die du dankbar bist. Das können glückliche

Augenblicke und auch solche sein, die dich herausgefordert haben, dank denen du jedoch wieder wachsen durftest. Wenn du möchtest, kannst du all dies auch aufschreiben (siehe mein Buch »Die heilende Kraft der Engel«, Kapitel über Engel Ooniemme).

Versuche, Dankbarkeit für jeden einzelnen dieser Momente zu fühlen, bevor du sie zu segnen beginnst. Im Anschluss daran bitte die Sternen-Einhörner, ihre silberne Sternenessenz über jeden dieser Augenblicke »regnen« zu lassen. Während du dies tust, verändert sich deine Schwingung weiterhin aufgrund der reinen Segensenergie, die aus der silbernen Sternenessenz der Sternen-Einhörner herausströmt.

Anschließend kannst du darüber nachdenken, welche Wünsche du für den nächsten Tag oder auch die folgende Zeit hast. Verbinde dich wiederum mit der Energie der Dankbarkeit und bedanke dich so, als hätten sich deine Wünsche bereits erfüllt. Segne sie und bitte Ooniemme und die Sternen-Einhörner, auch ihre Segnungen über deine Wünsche auszubreiten.

Wenn du spürst, dass sie ihre Arbeit getan haben, ist es an der Zeit, die Wünsche loszulassen und dich von den wundervollen Wesen ins Reich der Träume entführen zu lassen.

Lass Segnungen »regnen«

Ich liebe es, andere Menschen zu segnen oder segnen zu lassen! Seit die Sternen-Einhörner in mein Leben getreten sind, bitte ich sie regelmäßig, Menschen, Tiere, Pflanzen, Orte, Situationen, Workshops, Retreats, Trainings ... mit ihrer silbernen Sternenessenz zu segnen oder ihre silberne Sternenessenz über den betreffenden Menschen etc. auszuschütten (»regnen« zu lassen). Natürlich ist es besonders wichtig, dies nicht nur bei den Personen oder Situationen zu tun, die wir lieben, sondern ebenfalls bei den Menschen und Herausforderungen, die uns das Leben zu erschweren scheinen.

Seelenaffirmation

Bitte zuerst Engel Ooniemme und die Sternen-Einhörner, dich in ihr irisierendes weißes Licht und ihre silberne Sternenessenz zu hüllen, und atme tief ein und aus, bevor du (am besten mit Stimme) sprichst:

Meine Dankbarkeit wächst mit jedem Tag, da ich jeden einzelnen Moment meines Lebens als Geschenk erkenne. ICH BIN unendlich dankbar für all die Segnungen, Synchronizitäten und Wunder meines Lebens.

Mögen die Engel Gottes

immer mit dir sein,

dich schützend begleiten

auf dem Weg durch den Tag,

vom ersten Hahnenschrei

bis zum Aufzug des Mondes,

auf dem Weg durch das Jahr,

vom Aufblühen der Knospen

bis zur Ernte,

auf dem Weg durch das Leben,

vom Kind bis zum Greis.

Irischer Segenswunsch

7. Kapitel

Engel Soqedhazi

sowie

die Königin und der König der Einhörner

»Sei gegrüßt, geliebte Seele. Wir sind Engel Soqedhazi und die Königin und der König der Einhörner. Spüre, wie wir dich einhüllen in das hochfrequenteste pink-goldfarbene Licht, das du je gespürt hast, damit du wieder zu dem strahlenden Wesen aus Liebe wirst, das du in Wahrheit bist. Es ist wahrhaftig an der Zeit, zu lernen, ALLES mit den Augen der Liebe zu betrachten, denn die Schwingungserhöhung der Erde nimmt fortwährend zu, und so ist es von unendlicher Bedeutsamkeit, immer mehr aus der Frequenz der Liebe heraus zu leben, denn nur so vermagst du den intensiven Momenten der Transformation, die den ganzen Erdball und die gesamte Menschheit betreffen, mit Anmut, Leichtigkeit und Gnade zu begegnen.

In dieser Zeit verstärkt sich alles, das Lichte wie das Dunkle, auf eine den Menschen bislang unbekannte Weise; daher ist es wichtiger denn je, dafür zu sorgen, in einer hohen Schwingung zu sein oder sie ganz schnell wiederzuerlangen.

Wann immer du spürst, dass du aus deiner Mitte, der Liebe herausfällst, kannst du dich jederzeit mit uns verbinden, denn unsere Mission ist es, dir und allen anderen Menschen durch unsere vereinigten Energien zu helfen, die Liebesschwingung in euch *immer mehr zu aktivieren, sodass aus euren Herzen fortwährend pure Liebe ausstrahlt, ebenso wie von uns ein unendlicher, reiner Liebesfluss zu dir und allen anderen fließt. Schließe jetzt deine Augen und fühle diesen Liebesfluss von uns zu dir ... und genieße es! Atme dreimal tief ein und aus und sende nun die Liebe aus deinem Herzen in die Welt hinaus. Spüre, wie ein einziger, unendlicher Liebesfluss zwischen uns, dir und der Welt entsteht, wie alles zu Liebe wird, denn du siehst mit den Augen der Liebe, geliebte Seele, und wir ehren dich unendlich dafür! Sei gegrüßt in tiefster Liebe und Hochachtung. Wir verneigen uns vor dir, so wie du dich vor uns verbeugst, und wissen, einzig und allein die Liebe ist es, die zählt.«*

Liebe ist ...

Eine meiner Teilnehmerinnen, die Malerin Lisa, erlebte eine himmlische Geschichte, an der Engel Soqedhazi sowie die Königin und der König der Einhörner keinen geringen Anteil hatten:

Im Mai 2012 nahm ich gemeinsam mit meiner Schwester an Isabelles Workshop »Kommunikation mit Engeln II« in München teil. Es war, genauso wie während des ersten Kurses, eine wundervolle Stimmung im Raum. Kurz vor Ende des ersten Tages bot Isabelle uns Kursteilnehmern an, statt einer Meditation für jeden von uns eine persönliche Affirmation zu channeln. Davon waren alle einstimmig begeistert. Nun hatten wir die Wahl: entweder eine Botschaft von den Engeln, die in diesem Moment unseres Lebens wichtig für uns war, oder eine spezielle Antwort von den Engeln auf ein Thema unserer Wahl zu empfangen.

Als ich an die Reihe kam, wusste ich, dass ich etwas Persönliches angehen wollte. »Ich hätte gerne eine Affirmation, um meinen Seelenpartner anzuziehen. Aber nicht irgendeinen, die waren bisher auch gut. Jetzt bin ich bereit, auch zehn Jahre auf ›den Richtigen‹ zu warten, wenn's sein muss«, sagte ich zu Isabelle, worauf viele Damen im Saal zustimmend lachten. Anscheinend fand meine ehrliche Aussage Anklang. Isabelle schloss die Augen, als sie vor mir stand. Es dauerte nur wenige Sekunden, dann sprach sie folgende wunderschöne Affirmation für mich zum Mitschreiben aus: »Ich liebe mich selbst so sehr, dass ich nur den *einen* Wahren anziehen kann, weil nur *ich* ihn anziehen kann. Wir erkennen uns im ersten Moment und wissen genau, worum es geht.«

»Wow, das sitzt ja«, dachte ich mir noch, »wie schön und klar! Natürlich geht es hier um die Selbstliebe.«

Die Affirmation war von Engel Soqedhazi, dem Engel für Liebesbeziehungen. Ich war nicht überrascht.

Meine Schwester, die neben mir saß, flüsterte noch scherzhaft: »Stell dir vor, du gehst auf der Straße, siehst irgendeinen Kerl, und ihr seht euch an und wisst, aha, das ist er, das ist sie – und es geht genau darum!«

Ich wusste wirklich nicht, wie das funktionieren sollte, hatte aber schon so viele »unglaubliche« Dinge erlebt, dass ich beschloss, mit der Affirmation zu arbeiten und mich überraschen zu lassen.

Die kommende Woche war ich fleißig; wann immer ich Zeit alleine hatte, sagte ich mein Mantra auf.

Zwei Wochen später fand der »7. Internationale Engelkongress« in Hamburg statt, und ich hielt Ausschau. Kurz trafen meine Blicke einen gut aussehenden Mann, der sich mit einer Frau unterhielt. Meine ehrlichen, spontanen Gedanken waren: »Ach, schau an, ein gut aussehender Mann inmitten so vieler Frauen – genau so einen wünsche ich mir auch. Jemanden, mit dem ich über Engel sprechen kann, ohne dass er den Kopf schief legt, jemanden, der mich einfach versteht. Hm, wahrscheinlich hat ihn seine Frau hergeschleppt ...«, und damit war das für mich nichts weiter als eine zufällige Begegnung.

Im Foyer lernte ich schließlich Melanie Missing kennen, die mich mit meinen Engelbildern zu ihrem »1. Einhorn-Sommer-Camp« nach Kassel einlud. Nachdem sich mein Ego beruhigt hatte und sich der Aufgabe gewachsen sah, stimmte ich zu.

Kurz vor dem Einhorn-Wochenende fragte meine Schwester zufällig nach: »Arbeitest du denn noch mit deiner Affirmation?« Verwundert bemerkte ich, dass ich irgendwann einfach damit aufgehört hatte. »Nein«, lautete meine Antwort, »ich habe das Gefühl, dass die Botschaft angekommen ist. Ich weiß, dass ich sie verinnerlicht habe und *er* ganz sicher bald *hier* ist.« Dass mein Bauch mir vor der Abfahrt nach Kassel vermittelte, dass ich *ihn* genau dort treffen würde, tat ich zunächst als gewöhnliches Wunschdenken ab.

Kaum angekommen, parkte ich mein Auto, stieg aus und sah *ihn*. Ein Blick, ein liebevoller, aber heftiger Hieb in die Magengrube, und ich war sehr nervös. Wir sagten lediglich Hallo und gingen uns, so gut es ging, aus dem Weg. Ich war froh darüber, da die Energie auf dem Einhorn-Camp so hoch war, dass ich mit einer »Kennenlern-Nervosität« nicht umzugehen gewusst hätte. Doch Engel Soqedhazi und die Königin und der König der Einhörner waren die ganze Zeit am Werk, wie ich später erfahren sollte.

Als ich am letzten Tag meine Sachen packte, stand er in meiner Nähe. Sosehr ich auch versuchte, nicht in seine Richtung zu blicken – unsere Blicke trafen sich doch ständig. Irgendwann musste ich einfach lachen, und beflügelt von der zauberhaften Energie der Einhörner schaltete ich meinen Kopf auf Durchzug. Er winkte mir von Weitem ein »Auf Wiedersehen« zu.

Ich war zwar froh, dass ich meiner Nervosität nicht ins Gesicht hatte blicken müssen, fand es jedoch schade, dass wir nicht einmal einen einzigen Satz miteinander gesprochen hatten, war doch das Gefühl in der Magengegend nach wie vor heftig präsent. Ich ging also los, um mein Auto zu holen, und irgendwie hatten die Engel ihn zwei Meter vor mir platziert, sodass wir nicht umhinkonnten, uns bei den Wagen zu treffen. Sofort war eine tiefe Vertrautheit da. Wir sprachen kurz über das schöne Wochenende; ich meinte schließlich, dass ich mein Zeug noch packen müsse, und wir verabschiedeten uns.

Als ich ins Auto einstieg, breitete sich dieses Grinsen in meinem Gesicht aus, wie man es mit vierzehn bei der ersten großen Liebe kennenlernt. Ich musste lachen. Natürlich war ich auch nicht überrascht zu sehen, dass er sich umdrehte, als ich mit dem Auto an ihm vorbeifuhr, und durchs Autofenster nach meiner Karte fragte.

»Oh wow!«, dachte ich ... und all das mit dem Gefühl im Magen!

Auf der Heimfahrt fiel es mir wie Schuppen von den Augen: die Affirmation und das Gefühl, *ihn* dort zu treffen! Ich wollte mich bremsen und nicht vor zu viel Euphorie mein gutes Bauchgefühl übertönen. Aber schon am nächsten Tag schickte *er* mir eine SMS, nach drei Tagen telefonierten wir, und zwei Wochen nach dem Einhorn-Camp in Kassel trafen wir uns in München.

Zwar meldete sich mein Kopf immer wieder und fand, dass eine Fernbeziehung – er in Berlin, ich in Niederbayern – doch sicherlich schwierig sei, aber ich schaffte es, ihn auszuschalten, wobei mir Soqedhazi und die Königin und der König der Einhörner sicherlich eine große Hilfe waren.

Die gemeinsame Zeit in München war zwar nicht lange, von Samstagmittag bis Sonntagabend, aber Erzengel Metatron hatte auf meine Bitte hin himmlisches Zeitmanagement kreiert, und wir hatten beide das Gefühl, als hätten wir mindestens eine Woche zusammen verbracht. Eine Zeit, in der wir sehr ehrlich über uns sprechen konnten und die Liebe entdeckten. Wir sprachen über den Engelkongress und Kassel, und beide Male verbanden uns dieselben Gedanken und Gefühle ...

So hatten uns Engel Soqedhazi, die Einhörner (insbesondere die Königin und der König der Einhörner) und Erzengel Chamuel zusammengeführt.

Ich bleibe im Vertrauen auf das Leben und bin gespannt, wohin wir uns entwickeln werden. Von Herzen danke ich für diese zauberhafte Fügung und wünsche allen Seelen, solch eine tiefe Liebe erfahren zu dürfen.

Begib dich in die wundervolle Liebesfrequenz

Ein Ritual
(gut für den Start in den Tag geeignet)

Ich liebe es, meinen Tag bereits bewusst in meinem Bett zu beginnen, wenn ich aufwache, denn so sende ich von Anfang an eine positive Schwingung ins Universum aus – und die Weisheit von Cicero »Wie du säst, so wirst du ernten« bewahrheitet sich immer wieder. Denn wenn ich einmal verschlafe und mir diese kostbare Zeit nicht nehme, läuft mein Tag definitiv anders.

Es liegt bei dir, ob du zuerst mit dem Ritual für den Tagesbeginn mit Erzengel Michael und den sieben Pegasus-Einhörnern starten und erst dann Soqedhazi und die Königin und den König der Einhörner zu dir rufen möchtest – oder umgekehrt. Beides funktioniert!

So rufe nun Engel Soqedhazi sowie die Königin und den König der Einhörner an deine Seite, bitte sie, dich in ihr so leuchtendes pink-goldenes Licht, die höchste Frequenz der Liebe, einzuhüllen, und atme tief ein und aus.
Spüre, wie die Königin und der König der Einhörner deine Aura sehr sanft öffnen, um dich auf allen Ebenen mit der Liebesfrequenz zu verbinden, während Engel Soqedhazi deine drei Herzen berührt – dein Herzchakra in Höhe der Brust, dein hohes Herzzentrum im Bereich der Thymusdrüse und dein kosmisches Herz, das sich weit über dir befindet – und

sie mit ihrem Licht der Liebe anfüllt. Sachte streicht sie auch über deine Augenlider, um deine Augen mit Liebesenergie zu erfüllen, sodass du alles nur noch mit Augen der Liebe betrachten kannst.

Nimm wahr, wie sich deine Schwingung immer mehr verändert, und genieße es!

Schließlich senden die Königin und der König der Einhörner ihre kosmische Liebesfrequenz durch ihre Lichthörner in deine Adern und Venen, in dein Blut, in deine Zellen und deine DNS, sodass dein ganzes Sein, dein physisches, ätherisches, emotionales, mentales und spirituelles Sein, vollkommen von reinster, purer Liebesenergie durchflutet wird. Du vibrierst,

pulsierst, schwingst nur noch im Herzschlag der Liebe. Genieße es und beginne diese Energie in deinen Tag vorauszuschicken – zu allen Menschen, Tieren, Orten, Situationen, denen du begegnen wirst. Sieh vielleicht sogar, wie der vor dir liegende Weg mit Liebe gepflastert ist.

Sende diese Liebe auch zu allen Personen und in alle belastenden Situationen und nimm wahr, wie sich dabei nicht nur deine Energie zum Positiven verändert.

Verbinde dich zum Abschluss noch einmal bewusst mit Engel Soqedhazi und der Königin und dem König der Einhörner. Spüre, wie sich deine Liebesfrequenz noch mehr erhöht, und visualisiere, fühle, sieh, wie ihr gemeinsam die ganze Welt mit höchster Liebesenergie anfüllt, sodass immer mehr Liebe und Frieden auf Erden zu herrschen beginnen und wahrhaftig ein neues Goldenes Zeitalter entsteht.

Zu deinem Schutz schließen die Königin und der König der Einhörner nun wiederum deine Aura.

Wenn du möchtest, kannst du Soqedhazi und die beiden Einhörner bitten, den ganzen Tag an deiner Seite zu bleiben und dich fortwährend mit ihrer wundervollen Liebesfrequenz zu nähren.

Die pink-goldene Lichtkugel zur Manifestation einer wundervollen Liebesbeziehung

Ein Ritual

Schaffe dir einen heiligen Raum, bevor du beginnst: Sorge dafür, dass du ungestört bist (Telefon und Handy leise stellen etc.), und umgib dich mit schöner Musik, Kerzenlicht, einem zauberhaften Duft und einem oder mehreren Kristallen, um die Energie im Raum vorzubereiten und es dir zu erleichtern, dich in immer höhere Schwingungsebenen zu erheben. Natürlich kannst du dieses Ritual auch an einem wunderschönen Ort in der Natur ausführen.

Rufe Engel Soqedhazi sowie die Königin und den König der Einhörner an deine Seite. Bitte sie, dich mit ihrem strahlenden pink-goldenen Licht einzuhüllen und dir ihre pink-goldene Lichtkugel, das »ätherische Manifestationsgefährt« – wie es die Königin und der König der Einhörner bezeichnen – zur Manifestation von wundervollen Liebesbeziehungen zur Verfügung zu stellen, und atme mindestens dreimal tief ein und aus, um vollkommen im Hier und Jetzt anzukommen.
Dieses Lichtgefährt ist eine magische Kugel, in die du nun deinen Wunsch, eine Liebesbeziehung in der höchsten Frequenz zu manifestieren, hineingeben kannst. Es kann sich dabei um eine neue oder um deine bisherige Beziehung drehen, die sich in ungeannte Höhen hinaufschwingen mag.
Sieh, spüre, fühle, erlebe diese kosmische Liebesfrequenz in deiner Liebesbeziehung. Male sie dir in den allerschönsten und strahlendsten Farben aus – und nimm vor allem die Gefühle wahr, die du erleben möchtest. Spüre sie jetzt, ganz so, als würdest du in diesem Augenblick mit deinem geliebten Partner oder mit deiner geliebten Partnerin in dieser pink-goldfarbenen Lichtkugel sein und Liebe auf höchsten Ebenen erleben. Genieße es, so lange du kannst. Lass die magische Kugel anschließend ins Universum aufsteigen, sodass alle Wesen dazu beitragen können, dir bei deiner Manifestation zu helfen. Auch kannst du Engel Soqedhazi und die Königin und den König der Einhörner bitten, weiterhin an deiner Seite zu blei-

ben, denn insbesondere Königin und König wissen wahrhaftig, wie wahre Liebe zu leben ist. Auf diese Weise wirst du selbst immer mehr in dieser Frequenz schwingen.

Mache dieses Ritual nur, wenn du dich bereits in einer schönen Schwingung befindest.

Seelenaffirmation

Bitte zuerst Engel Soqedhazi und die Königin und den König der Einhörner, dich in ihr so strahlendes pink-goldfarbenes Licht zu hüllen, und atme tief ein und aus, bevor du (am besten mit Stimme) sprichst:

Ich weiß, dass Liebe die größte Macht im Universum ist und ich selbst ein Wesen aus Liebe bin. Ich bin mir dessen in jeder Sekunde meines Lebens bewusst. ICH BIN Liebe und ich lebe Liebe – immer und überall, denn nur die Liebe ist real!

8. Kapitel

Engel Hamied

und die

»Wunder-Einhörner«

»Sei gegrüßt, geliebter Freund, geliebte Freundin! Wir sind Engel Hamied und die Wunder-Einhörner. Vor langer, langer Zeit einmal waren wir dir sehr nah, als die Reinheit auf dem Planeten Erde um ein Vielfaches höher war. Umso größer ist nun unsere Freude, dass wir uns dir wieder in Liebe nähern können, da sich die Schwingung der Erde in den letzten Jahrzehnten so sehr erhöht hat. So spüre unsere Freude, indem wir dich in unser reinstes weißes Licht einhüllen und dich mit unserer diamantenen Sternenessenz segnen. Atme tief ein und aus und genieße es!

Am liebsten würden wir deinen Weg mit Wundern pflastern, geliebte Seele, doch das würde nicht dazu beitragen, dir zu helfen, deine Seelenlektionen zu erlernen, zu wachsen und deine Seelenmission zu erfüllen. Daher ist es uns nur möglich, gemeinsam mit dir Wunder zu ko-kreieren. Dafür ist es jedoch von großer Notwendigkeit, dass du reinen Herzens und frei von Wünschen des Ego bist.

Nun fragst du dich vermutlich, wie du das denn unterscheiden sollst. Dies ist jedoch einfacher, als es dir erscheinen mag. Frage dich bei jedem Wunsch, den du hast: Wünscht sich dies mein Höheres Selbst, damit ich mehr zu mir komme, authentischer werde, mehr in der Liebe bin etc., oder wünscht sich dies mein

Ego, um besser dazustehen, andere zu manipulieren, mehr Anerkennung und Erfolg zu genießen ...?

Dreht es sich um einen Wunsch deines Höheren Selbst, kannst du uns umgehend um Mithilfe bitten; handelt es sich jedoch um einen deines Ego, ist es an der Zeit, noch mehr an deiner Reinheit zu arbeiten.

Natürlich lassen sich auch Wünsche des Ego mit großer Intentionskraft manifestieren, doch in diesen Zeiten der Beschleunigung des Karmas wird sich dies innerhalb kürzerer oder längerer Zeit auf die jeweilige Person auswirken. Aus diesem Grunde raten wir dir, deine Wünsche mit reinem Herzen zu prüfen, bevor du sie (natürlich am besten nur die Wünsche deines Höheren Selbst) mit unserer Hilfe manifestierst und dem Universum übergibst.

Geliebte Seele, Liebe ist die wahre Frequenz, aus der Wunder entstehen. Um immer mehr Teil der Alchemie der Wunder zu werden, kannst du uns gerne täglich an deine Seite rufen, sodass wir dich in unsere Liebe, unser Licht und unsere diamantene Sternenessenz zu hüllen vermögen. Auf diese Weise wächst dein Glauben an Wunder, bis er zu dem Wissen wird, dass Wunder immer und überall geschehen. So wirst du selbst zu einem Wunder-Partikel, das gemeinsam mit uns Lichtwesen Wunder auf allen Ebenen erschafft.

Erinnere dich, der Weg, gemeinsam mit uns Wunder zu ko-kreieren, ist es, Liebe zu sein!

In diesem Sinne sei gegrüßt, geliebter Wunder-Partikel! Wir bitten dich inständigst, reinen Herzens zu sein, sodass wir gemeinsam mit dir den Himmel auf Erden zu schaffen vermögen! Namaste!«

Die Heilkraft der Musik

Immer wieder muss ich darüber staunen, wie viel heilende Kraft in Musik steckt, obwohl ich es eigentlich besser wissen müsste, denn vermutlich hätte ich meine Leukämieerkrankung ohne ihre wundersame Heilkraft nicht überlebt (siehe mein Buch »Die Engel so nah«).

Aus ganzem Herzen hatte ich mir gewünscht, die Neuinszenierung der Oper »Carmen« mit Magdalena Kožená und meinem ehemaligen Studienkollegen, dem Star-Tenor Jonas Kaufmann, in den Hauptrollen unter der Leitung von Sir Simon Rattle bei den Salzburger Osterfestspielen 2012 zu hören, doch bereits etwa ein halbes Jahr vorher war es aussichtslos, auch nur eine einzige Karte zu ergattern. Also ließ ich diesen Wunsch vollkommen los.

Innerhalb der verbleibenden Monate checkte ich etwa viermal die Website der Festspiele, musste jedoch jedes Mal feststellen, dass alle »Carmen«-Vorstellungen restlos ausverkauft waren, was ich nicht anders vermutet hatte. Ich blieb gelassen.

Nun traf es sich jedoch so, dass ich an einem der Aufführungstage einen Workshop in Salzburg halten sollte. So rückte der Wunsch noch einmal näher. Mehr im Spaß als im Ernst sagte ich zu meiner Freundin Tilde: »Jetzt kann mir nur noch ein Wunder helfen! Auf jeden Fall werde ich etwas Passendes zum Anziehen einpacken.«

Als mein schwerkranker Vater zwei Wochen vor der Premiere letztlich doch ganz unerwartet starb, verlor dieser Wunsch an Bedeutung, um nicht zu sagen, er geriet in Vergessenheit. Doch es sollte anders kommen ... Am Tag vor meiner Abfahrt nach Salzburg kam ich gerade von einem Mittagessen nach Hause, als ich die klare Stimme von Erzengel Ariel hörte: »Ruf auf der Stelle das Kartenbüro in Salzburg an!«

Ohne zu zögern, griff ich zum Telefon und wählte die entsprechende Nummer. Eine freundliche Frauenstimme begrüßte mich und fragte mich nach meinem Anliegen.

»Ich weiß, dass es eigentlich aussichtslos ist, Sie nach einer Karte für die ›Carmen‹-Vorstellung in zwei Tagen zu fragen. Doch ich muss es einfach tun!«

»Sie werden es nicht glauben, genau vor einer Minute bekam ich einen Anruf von einer Person, die Karten zurückgegeben hat. Warten Sie einen Augenblick, denn ich muss diese noch ins System eingeben, bevor ich sie an Sie weitergeben kann.«

Ich glaubte, meinen Ohren nicht zu trauen, doch ich erhielt tatsächlich eine fantastische, bezahlbare Karte mit phänomenaler Sicht auf die ganze Bühne. Ich war unendlich dankbar: Mir war klar, dass Erzengel Ariel, Engel Hamied und die Wunder-Einhörner am Werk gewesen waren, um mir durch die Musik Linderung über den Verlust meines Vaters zu verschaffen, denn sie wussten, dass Musik schon immer einer meiner größten Helfer gewesen war. Es war wieder einmal eine absolut einzigartige Synchronizität, dass ich exakt im richtigen Moment im Kartenbüro anrief!

So fuhr ich schließlich los und hielt meinen ersten Workshop-Tag ab, der mich in meinem geschwächten Zustand extrem anstrengte, sodass mich am Ende des Kurstages Barbara, die Veranstalterin, sehr besorgt fragte: »Glaubst du wirklich, dass es eine gute Idee ist, jetzt in die Oper zu gehen? Ich glaube, du hast Fieber und gehörst dringend ins Bett.«

»Ja, liebe Barbara, das ist das Beste, was ich jetzt tun kann, denn Musik ist für mich einer der besten Heiler!« Und schon saß ich im Taxi und konnte es kaum erwarten, endlich im großen Festspielhaus zu sitzen.

Wie ich es vorausgesehen hatte, genoss ich jede einzelne Sekunde der Musik und fühlte mich von Akt zu Akt besser. Am Ende der Vorstellung hatte ich gar das Gefühl, vollkommen fieberfrei zu sein. Auch der Schmerz über den Tod meines Vaters war viel leichter geworden. Ich war einfach unendlich glücklich und dankbar ...

Jonas hatte sich als Don José wieder einmal selbst übertroffen, die Rolle so vielschichtig ausgeleuchtet und seine Stimme in atemberaubende Höhen und Pianissimi geführt, dass ich ihm einfach gratulieren musste, denn sein Gesang war Balsam für meine verwundete Seele gewesen. Doch wie mir der Bühnenpförtner mitteilte, war dies nicht möglich, da die Künstler direkt zu einem Gala-Empfang gehen würden.

Ich wollte mich schon auf den Rückweg in mein Hotel machen, als ich ganz deutlich Ariel, Hamied und die Wunder-Einhörner neben mir spürte, die mir rieten, umzudrehen und zu einem bestimmten Hinterhof zu gehen. Und schon lief ich in dem ganzen Getümmel von Menschen einer meiner Workshop-Teilnehmerinnen über den Weg, die mir mitteilte, dass sie bei den Festspielen arbeite. Sie wusste auch, dass die Sänger das Haus bereits verlassen hatten.

Ich bekam jedoch die klare Information, dass Jonas noch in der Nähe war. Wiederum folgte ich den Anweisungen der Engel und Einhörner – und prompt erschien Jonas und kam auf mich zu. Wir redeten eine Weile, bis er von einigen jungen Verehrerinnen um Autogramme gebeten wurde.

Als wir schließlich dabei waren, uns zu verabschieden, meinte ich: »Stell dir vor, ich habe vorgestern im Kartenbüro angerufen, obwohl ich wusste, dass es eigentlich absolut aussichtslos war. Doch eine Minute vorher hat wohl irgendjemand Karten zurückgegeben.«

»Das ist ja unglaublich! Dann hast du eine von meinen Karten bekommen, denn ein Freund musste plötzlich ins Krankenhaus, und so wollte ich seine Karten zurückgeben, doch das Kartenbüro wollte sie so kurz vor der Vorstellung nicht mehr haben. So habe ich darum gebeten, dass sie sie wenigstens in Kommission nehmen. Und jetzt hast du sie bekommen!«

Daraufhin mussten wir beide aus vollem Halse lachen. Wieder einmal konnte ich nur staunen, mit welcher minutiösen Präzision die Engel und Einhörner alles eingefädelt hatten.

Als ich schließlich Tilde anrief, um ihr von diesem erneuten Wunder zu erzählen, meinte sie nur: »Kannst du dich denn nicht erinnern, dass du vor etwa drei Wochen gesagt hast, jetzt kannst du nur noch mit einer Karte von Jonas in die Vorstellung kommen!?«

Unglaublich! Genau so war es geschehen.

Als ich am nächsten Morgen im Seminarraum auftauchte, war Barbara äußerst erstaunt: »Du siehst ja wie ausgewechselt aus!«

Und das, obwohl ich nur vier Stunden geschlafen hatte. Ja, die Heilkraft der Musik ...

Erhöhe dein Vertrauen

Wie du dem 5. Kapitel entnehmen kannst, ist die Wahl deiner Gedanken, Worte und Taten wichtiger als je zuvor, da jeder einzelne Gedanke bereits mehr Manifestationspotenzial in sich trägt als noch vor einigen Jahren oder Jahrzehnten. Daher wirkt sich auch jeder Zweifel stärker aus, als es dir lieb ist. Aus diesem Grund ist es essenziell, dein Vertrauen zu erhöhen, wenn du deine Seelenmission erfüllen, deine Träume leben und gemeinsam mit den Engeln und Einhörnern Wunder kreieren möchtest.

Wahres Vertrauen entsteht aus dem Wissen, dass immer das Richtige geschieht, ob wir es so empfinden oder nicht, und dass Gott, die Engel, die Einhörner usw. immer antworten. Wenn du wirklich vertraust, kannst du deine Wünsche loslassen – wirklich loslassen. Das ist der Moment, wo die Alchemie der Wunder zu wirken beginnen kann. Dann – nur dann! Dazu fällt mir ein wunderschönes Zitat von Yogi Bhajan ein: »I do not believe in miracles, I rely on them! (Ich glaube nicht an Wunder, ich verlasse mich auf sie!)«

Wie schon in meinem Buch »Die heilende Kraft deiner Engel« möchte ich dich noch einmal daran erinnern, dass es deine Ängste sind, die dich davon abhalten, wirklich zu vertrauen. Doch wie Maestro Celibidache, ein großer Lehrer und einer der faszinierendsten Dirigenten des letzten Jahrhunderts, einst in einer seiner bedeutsamen Unterrichtsstunden erklärte, gibt es in Wahrheit nur zwei Ängste, auf die alle anderen zurückzuführen sind: die Angst, nicht geliebt zu werden, und die Angst zu sterben. Das mag unglaublich klingen, ist jedoch tatsächlich so. Ich habe diese Aussage während meiner Leukämie-Phase täglich geprüft.

Wenn du ernsthaft darüber nachdenkst, wirst du feststellen, dass du immer geliebt bist, und zwar von dem oder den Menschen, die dich so akzeptieren, wie du wirklich bist, und natürlich von Gott, allen Engeln und allen anderen Lichtwesen. Daher kannst du die Angst, nicht geliebt zu werden, immer mehr hinter dir lassen.

Ebenso verhält es sich mit der Angst vor dem Tod. Er ist und bleibt eine Herausforderung, besonders wenn wir geliebte Menschen verlieren. Doch wie du im 3. Kapitel nachlesen kannst, ist es auf der anderen Seite des Schleiers paradiesisch schön, was auch dazu beiträgt, diese Angst immer leichter loslassen zu können. Was bleibt, ist restloses Vertrauen in den Prozess des Lebens, in die Heilkraft der Engel und Einhörner (und anderen lichten Wesen) – und in die Alchemie der Wunder.

Führe ein Wunder-Tagebuch

Besorge dir ein schönes Notizbuch, in das du gerne schreibst und das so leicht ist, dass du es immer bei dir tragen kannst. Schaffe dir einen heiligen Raum, bevor du die Wunder deines Lebens niederzuschreiben beginnst: Sorge dafür, dass du ungestört bist, und umgib dich zum Beispiel mit schöner Musik, Kerzenlicht, einem zauberhaften Duft und einem oder mehreren Kristallen, um die Energie im Raum vorzubereiten und

es dir zu erleichtern, dich in höhere Schwingungsebenen zu erheben. Natürlich kannst du dieses Ritual auch an einem wunderschönen Ort in der Natur ausführen.

Verbinde dich mit Engel Hamied und den Wunder-Einhörnern, atme ihr Licht und ihre diamantene Sternenessenz ein und schreibe nach und nach all die kleinen und großen Wunder auf, die bisher in deinem Leben geschehen sind. Dadurch wächst dein Vertrauen darauf, dass Wunder tatsächlich Teil eines jeden Lebens sind.

Da du das Notizbuch bei dir trägst, kannst du jederzeit die Synchronizitäten und Wunder niederschreiben, die in deinem Leben geschehen. Denn sonst vergessen wir sie häufig wieder im Alltagsgeschehen, besonders die kleineren. Indem du sie jedoch schriftlich fixierst, schaffst du den Nährboden für neue Wunder.

Seelenaffirmation

Bitte zuerst Engel Hamied und die Wunder-Einhörner, dich in ihr reinstes weißes Licht und ihre diamantene Sternenessenz zu hüllen, und atme tief ein und aus, bevor du (am besten mit Stimme) sprichst:

Ich vertraue bedingungslos auf den Prozess meines Lebens. ICH BIN Liebe, ICH BIN ein Wunder-Partikel, und ich kreiere gemeinsam mit den Engeln und den Einhörnern Wunder über Wunder für mich und andere!

Sie kommen noch immer

durch den aufgebrochenen Himmel,

die friedlichen Schwingen ausgebreitet,

und ihre himmlische Musik schwebt

über der ganzen müden Welt.

William Shakespeare

Nachwort

Nie zuvor habe ich ein Buch mit mehr Anmut und Leichtigkeit geschrieben als dieses. Ich musste einzig und allein dafür
sorgen, so rein wie möglich zu sein, und die zum Schreiben
notwendige freie Zeit kreieren, und schon flossen die Worte nur so durch meine Finger in die Tasten. Ich denke, der
Wunsch der Einhörner war so groß, weitere ihrer Botschaften
in die Welt zu bringen, dass sie mich teilweise geradezu mit
ihren Mitteilungen »bombardierten«.

Immer wenn ich intensiv an einem Buch arbeite, spüre ich,
wie sich meine Schwingung erhöht, doch in diesem Fall war
es noch viel augenscheinlicher. Meine Frequenz wurde so
leicht, dass mein Mann irgendwann halb im Scherz, halb im
Ernst meinte: »Flieg ja nicht davon!«

So bitte ich dich ernsthaft, dafür zu sorgen, dass du geerdet
bist und es auch bleibst, sooft du intensiv mit den Engeln
und Einhörnern zu arbeiten beginnst! Verbringe viel Zeit in
der Natur und verbinde dich mit Mutter Erde, um gleichzeitig gehimmelt und geerdet zu sein. Das ist in diesen Zeiten
unendlich wichtig.

Nun wünsche ich dir von Herzen, dass du alle auftauchenden
Schwierigkeiten voller Liebe annimmst und dich ihnen augenblicklich stellst, sodass du ein wahrer Meister, eine wahre
Meisterin darin wirst, Herausforderungen in Wunder zu trans-
formierst. Du kannst es!

Spüre nun, wie du von den Flügeln der Engel und der Sternenessenz der Einhörner in reinstes Licht und pure Liebe gehüllt wirst!

In tiefer Liebe und Verbundenheit

Isabelle von Fallois
Nizza, 30. August 2012

Danksagung

Lieber Hubert, ich danke dir aus ganzem Herzen dafür, dass du mir die Freiheit und das volle Verständnis schenkst, all die Reisen zu machen und Wege zu gehen, die notwendig sind, um meinen Auftrag auf Erden auszuführen. Tausend Dank für all deine Liebe und Unterstützung.

Lieber Gero, auf diesem Wege möchte ich dir noch einmal meinen innigsten Dank dafür aussprechen, dass du immer an mich geglaubt und mich in allen Bereichen meines Lebens selbstlos unterstützt hast. Du warst, nein, du bist der beste Vater, den ein Mensch sich wünschen kann. Ich danke dir aus tiefster Seele, auch dafür, dass du noch immer an meiner Seite bist, obwohl du auf der anderen Seite des Schleiers verweilst.

Liebe Uschi, ich bewundere dich aus vollem Herzen dafür, mit welch bedingungsloser Liebe und Anmut, mit welch tiefem Glauben und Vertrauen in die himmlischen Mächte du durch den Trauerprozess gehst. In keinem Moment bist du ein Opfer der Umstände, sondern Herrin deines Schicksals. Dafür danke ich dir unendlich.

Liebe Susanna, immer wieder ist es ein himmlischer Segen, eine Weile bei dir sein zu dürfen und dabei an einem Buch zu arbeiten. Ich danke dir aus tiefstem Herzen dafür, wie sehr du mich, meine Arbeit und mein Schreiben verstehst und unterstützt. *Grazie mille!*

Lieber Kristof, ich danke dem Himmel dafür, dass du wieder in mein Leben getreten bist, mir auf deine einzigartige Weise bei der Heilung des Schmerzes über den Verlust meines Vaters geholfen hast und wie in atlantischen Zeiten Teil meines Lebens geworden bist.

Meine lieben Freunde – Tilde, Jessica, Dani, Johanna, Gido, Matteo, Michael –, ich danke euch von ganzem Herzen, dass ihr mir und meiner Familie während all der schwierigen Monate so treu zur Seite gestanden habt.

Liebe Diana, aus tiefster Seele danke ich dir, dass du die Einhörner u.a. mit deinem Buch »Das Wunder des Einhorns« wieder in die Welt zurückgebracht hast.

Liebe Lisa, tausend Dank, dass du der Führung von oben gefolgt bist und mir deine wunderschöne Geschichte geschickt hast.

Liebe Karin, lieber Konrad, ich danke euch von ganzem Herzen für euer großes Vertrauen in die Qualität meiner Arbeit.

Noch lange könnte ich mit den Danksagungen fortfahren, doch leider ist die Anzahl der Worte bei diesem Büchlein sehr limitiert. Ich bin jedoch sicher, ihr wisst, dass ihr gemeint seid.

Über die Autorin

Nach einem Nahtoderlebnis im Alter von acht Jahren hatte **Isabelle von Fallois** immer wieder Zukunftsträume und Visionen. Doch erst aufgrund ihrer lebensbedrohlichen Leukämieerkrankung vor zwölf Jahren begann sie sich intensiv mit Engeln zu beschäftigen. Innerhalb kurzer Zeit erhielt sie genaue Anweisungen von den Erzengeln und wurde wieder vollkommen gesund.

Heute reist sie durch die Welt, schreibt Bücher, hat bislang mehr als 50 gechannelte Meditationen aufgenommen, hält Vorträge und Workshops, lehrt das von ihr begründete international erfolgreiche ANGEL LIFE COACH® Training sowie das von ihr entwickelte ISIS ANGEL HEALING® und hat ihre eigene Radiosendung »Angel Messages«.

Artikel über sie sind in den verschiedensten Zeitschriften wie ENGELmagazin, Lichtfokus, NEWsAge, WOMAN, BELLA, GLAMOUR Italia, Dagbladet (Norwegen) etc. erschienen, außerdem drei DVDs, auf denen neben ihr u.a. so bekannte Persönlichkeiten wie Gregg Braden, Bruce Lipton, Eric Pearl, Pierre Franckh, Lorna Byrne und Prinzessin Märtha Louise von Norwegen mitwirken.

Sowohl mit ihrer spirituellen Arbeit als auch als Pianistin möchte sie die Herzen der Menschen öffnen und ihnen helfen, ein von Liebe erfülltes Leben zu führen.

www.isabellevonfallois.com
www.AngelLifeCoachTraining.com
www.DieEngelsonah.com

Isabelle von Fallois

ENGEL UND EINHORN

Magische Seelenreisen

Doppel-CD, Meditationen
€ 19,50
ISBN 978-3-86728-223-9

Erleben Sie auf der ersten CD die zauberhafte Energie der Engel
und Einhörner, indem Sie sich gemeinsam mit ihnen auf vier
magische, live gechannelte Seelenreisen begeben. So kommen Sie
in Kontakt mit Ihrer inneren Freiheit, lassen Trauer hinter sich,
verspüren immer mehr Lebensfreude, erleben tiefe Heilung und
manifestieren die Liebesbeziehung Ihrer Träume.
Sie werden spüren, wie sich Ihre Schwingung in immer höhere
Dimensionen erhebt, sodass Sie die Mission und die Visionen Ihrer
Seele mit Anmut, Leichtigkeit und Gnade erfüllen und von
Wundern umgeben sind.
Die zweite CD, ein Bonus, enthält die Seelenaffirmationen aus dem
Buch »Engel und Einhorn – Ein himmlisches Team«. Lassen Sie sie
auf sich wirken, dann werden Sie ihre Weisheit in den tiefsten
Ebenen Ihres Bewusstseins und Unterbewusstseins verinnerlichen.
Gechannelt und gesprochen von Isabelle von Fallois
Musik: Sayama

Isabelle von Fallois

DIE HEILENDE KRAFT DEINER ENGEL

Den eigenen Weg gehen und die
Lebensträume verwirklichen

gebunden, 352 Seiten

€ 16,99
ISBN 978-3-86728-171-3

Können wir unser Leben in 28 Tagen verändern? Ja, absolut.
Studien haben gezeigt, dass es 21 bis 28 Tage dauert, alte Muster
zu durchbrechen und neue, positive zu programmieren. So
entstehen neue neuronale Bahnen in Ihrem Gehirn und somit
neue, positive Glaubensmuster, die Ihnen helfen, Ihre Träume zu
verwirklichen.
Auf Ihrer persönlichen Reise durch den 28-tägigen Prozess lassen
Sie mit Hilfe der Engel alte, toxische Gedanken und Verhaltensmu-
ster hinter sich und verbinden sich immer mehr mit Ihrer wahren
Essenz, sodass Ihr Kontakt zu den Engeln täglich wächst und
Synchronizitäten und Wunder Teil Ihres Lebens sind.

Isabelle von Fallois

ENGEL, KRAFTTIER UND EINHORN
Meditationen zur Stärkung des Selbstvertrauens
für kleine und große Kinder

Meditations-CD, 67 min
€ 12,99
ISBN 978-3-86728-194-2

Es gibt einen Ort in deinem Herzen, den du jederzeit besuchen kannst, um zu träumen, dich zu erholen oder Probleme
zu lösen.
Du begegnest dort sowohl deinen Schutzengeln als auch
deinen Krafttieren, um sie noch besser kennenzulernen.
Und du reist mit deinem Einhornfreund zu einem Ort, an
dem du deine Wünsche manifestieren kannst. Schließlich
kannst du dich noch von den Energien des Tages reinigen,
damit du anschließend in einen tiefen und erholsamen
Schlaf fällst.
Live gechannelt und gesprochen von Isabelle von Fallois
Musik: Sayama

DIE ERZENGEL

15 Begleiter auf dem Weg in ein erfülltes Leben

gebunden, 208 Seiten
€ 14,95
ISBN 978-3-86728-081-5

Strahlendes, überirdisches Licht in durchscheinenden Farben,
machtvolle und zugleich zarte Energien göttlicher Liebe, unendliche Güte und vollkommene Hilfsbereitschaft ... Wer die Erzengel
in sein Leben ruft, fühlt sich wie von Flügeln warm umfangen und
getragen.
Isabelle von Fallois, Pianistin, Medium und – von Doreen Virtue
ausgebildeter – Angel Therapy Practitioner®, hat es am eigenen
Leib erlebt. Mithilfe der Engel von einer lebensbedrohlichen
Krankheit genesen, bringt sie uns das Wesen der himmlischen
Helfer nahe: durch medial empfangene Botschaften, durch
eigene wundervolle Erfahrungen sowie Erlebnisse von Freunden,
durch bezaubernde und erquickende Meditationen, Affirmati-
onen und praktische Anleitungen für ein Leben unter dem Schutz
unserer liebevollen Begleiter.

Wichtiger Hinweis

Die im Buch veröffentlichten Empfehlungen wurden von Verfasserin und Verlag sorgfältig erarbeitet und geprüft. Eine Garantie kann dennoch nicht übernommen werden. Ebenso ist die Haftung der Verfasserin bzw. des Verlages und seiner Beauftragten für Personen-, Sach- und Vermögensschäden ausgeschlossen.

© KOHA-Verlag GmbH Burgrain
Alle Rechte vorbehalten
1. Auflage 2013

Bildnachweis:
• S. 23, 61, 72, 101 – Fotolia
• Alle anderen Bilder und Ornamente – Shutterstock

Cover: Sabine Dunst/Guter Punkt, München

Lektorat und Layout: Birgit-Inga Weber
Gesamtherstellung: Karin Schnellbach
Druck: Finidr, Tschechien
ISBN 978-3-86728-213-0